미군정시대
이야기

차례
Contents

들어가며

　20세기 전반(前半) 한국의 역사는 시련과 좌절 그리고 생존을 위한 몸부림으로 점철된 파란만장한 세월이었다. 19세기 말 한반도는 제국주의 열강의 세력권 확장을 위한 각축장이었다. 청일 전쟁(1894~1895)에서 중국의 패배와 일본의 일방적 승리는 한국의 독립 보전(保全)과 정치적 장래에 어두운 그림자를 던져 주었다. 그리고 본격적인 제국주의 국가로 등장한 일본은 러일 전쟁(1904~1905)에서도, 미국을 비롯한 강대국들의 예상과는 달리, 군사적 승리를 달성했다. 동북아시아에서 잠재적 경쟁국의 등장을 목격한 미국의 루스벨트(Theodore Roosevelt) 행정부는 극동 지역의 세력 균형을 유지해야 한다는 전략 차원에서 러일 전쟁의 종식을 위한 중재에 적극적으로 나섰다. 1905년 9월 5일, 전쟁의 종식을 위해 포츠머스 강화조약(Treaty of Portsmouth)이 체결되었다.

포츠머스 조약의 체결로 일본은 중국 대륙, 특히 만주 지역으로 팽창할 수 있는 발판을 마련했을 뿐만 아니라 한국을 자신의 세력권으로 인정받았다. 한국과 한국민은 강대국들의 치열한 이해타산과 막후 흥정의 억울한 희생물이 되고 말았다. 그러나 한국의 운명은 이 조약이 체결되기 직전에 이미 미국과 일본에 의해 결정되었다는 역사적 사실에 주목해야 한다. 포츠머스 조약이 체결되기 직전인 1905년 7월 31일, 태프트(William H. Taft) 미국 육군장관과 가쓰라 다로(桂太郎) 일본 총리는 도쿄(東京)에서, 미국이 일본의 한국 식민지화를 인정해 주는 '태프트-가쓰라 밀약'을 비밀리에 체결했다.

그런데 러일 전쟁에 휘말려 대한제국의 운명이 바람 앞의 등불처럼 위태롭던 이 시기에 고종 황제는 독립 보전을 위한 외교 활동을 펼치라는 밀명을 '영어에 뛰어난' 이승만(李承晩)에게 내렸다. 이승만은 태평양을 건너 우여곡절 끝에 루스벨트 미국 대통령을 면담하였으나 이미 '밀약'이 체결된 지 4일 후였다.

물론 루스벨트는 이승만에게 '태프트-가쓰라 밀약'을 알려 줄 하등의 이유와 필요가 없었다. 루스벨트의 답변은 의례적인 '레토릭(rhetoric)'의 수준을 넘어선 기만행위였다. 이승만의 루스벨트 면담은 불행하게도 때늦은, 그리고 불필요한 만남이 될 수밖에 없었다. 1905년 12월 21일, 한국은 일본의 '보호국(protectorate)'으로 전락되었다. 1882년 한미수호통상조약의 체결로 한국과 미국이 외교 관계를 수립한 이후부터 제2차 세계대전이 발발하기 전까지 미국의 한국 정책이 한마디로 '무관심의 정책'으로 일관되어 온 사실을 고려하면, 루스벨트의 답변과 행동은 전혀 놀라운 일이 아니다.

'태프트-가쓰라 밀약'은 20년이 지난 1924년 미국의 한 저명한 외교사가에 의해 세상에 공개되었다. '밀약'의 존재와 내용을 새카맣게 모르고 있었던 이승만이 받았을 엄청난 충격과 허탈감은 충분히 미루어 짐작할 만하다. 냉혹하기 짝이 없는 국제 정치에서 강대국의 외교 행태와 실상을 온몸으로 체험했고, 나아가 그것은 '역사적 인물'로 성장해 갔던 이승만에게 한시라도 잊을 수 없는 소중한 교훈이 되었다. 1905년 불쌍한 처지에 직면한 한국에게 미국이 했던 배신행위를 이승만은 평생 동안 결코 잊지 않았다.

초기 한국 현대사의 전개 과정은 해방과 분단 그리고 남북한 지역에서의 미국과 소련의 군정(軍政), 나아가 한반도에서 이념이 전혀 다른 두 개의 적대적인 분단 정부의 등장과 6·25 전쟁으로 이어진 그야말로 파란만장한 격동의 세월이었다. 이 책의 중요한 목적은 제2차 세계대전이 종식된 직후 시작된 초기 냉전 시대 미국의 세계 전략 차원의 냉전 정책이라는 커다란 틀 속에서, 트루먼(Harry S. Truman) 행정부의 한국 점령 정책이 궁극적으로 실패할 수밖에 없었던 역사적 요인들을 검토 분석하는 데 있다.

미국은 해방 직후인 1945년 9월부터 대한민국 정부가 수립되는 1948년 8월까지 남한 지역에 군정을 실시했다. 3년에 걸친 군정 기간 동안 가장 중요한 두 개의 정치적 현안이었던 미국의 '한반도 신탁 통치안'과 이승만의 '단독정부 수립론'은 남한 사회 전체를 소용돌이치게 만듦으로써 심각한 이념 대결과 갈등의 원천으로 작동했다.

이 책의 핵심은 '한반도 신탁 통치안'에 기초한 미국의 한국 정책이 미국의 의도대로 실현되지 못한 이유들을 규명하고, 나아가 '단독정부 수립론'이 결국 수용될 수밖에 없었던 요인들을 심층적으로 분석 평가하는 것이다. 이는 해방 공간의 두 주역으로, '견원(犬猿)의 동반자' 관계였던 '건국 대통령' 이승만과 미 점령군 사령관이자 군정의 최고 책임자였던 하지(John R. Hodge) 장군의 한국의 정치적 장래에 대한 구상과 신념 그리고 역할을 객관적으로 접근해 새롭게 재조명하는 의미 있는 작업이기도 하다.

38도선의 획정 배경과 과정

1945년 8월 15일, 일본의 무조건 항복으로 약 4년간에 걸친 태평양 전쟁은 종식되었다. 동시에 40년 동안 일본 제국주의의 식민 통치의 질곡에서 한민족은 마침내 해방되었다. 그러나 그것은 진정한 의미의 해방이 되지 못했다. 한국민은 북위 38도선을 경계로 남한과 북한에 각각 미국과 소련의 점령군이 주둔하는 슬픈 현실에 직면해야 했기 때문이었다.

한국이 태평양 전쟁에 연합국의 일원으로 동참해 일본의 패망에 적극적인 역할을 담당할 수 있었다면, 한국민은 자력으로 해방을 맞이할 수 있었을 것이다. 만약 상황이 그렇게 전개되어 갔더라면, 미국이 주도한 한국에 대한 국제 신탁 통치의 발상, 38도선의 획정, 미국과 소련의 분할 점령과 군정의 실시, 신탁 통치를 둘러싼 좌우익의 극렬한 이념 대결, 두 개의 적대적인 단독정부의 수립, 그리고 민족사의 최대 비극인 한국 전쟁 등 파란만장한 시련들을 한국민은 겪지 않아도 되었을지 모른다. 다시 말하면, 해방 이후 한국 현대사는 전혀 새로운 모습으로 전개되어 갔을 것이다.

그러나 일본의 무조건 항복이 예상보다 빨리 실현되었기 때문에 해방은 대부분의 한국인들에게, 비폭력 인권 운동과 민주화를 위해 헌신했던 함석헌(咸錫憲)의 표현처럼, '도둑같이 뜻밖에' 찾아왔다. 갑작스럽게 찾아온 해방, 미국과 소련의 한반도 분할 점령은 한국의 정치적 장래를 주체적으로 이끌어 가고 설계하기 어려운 상황 속으로 빠져들게 만든 중요한 요인으로 작용할 가능성이 매우 높았다.

충칭(重慶)의 대한민국임시정부 김구(金九) 주석도 이러한 점을 염려하고 있었다. 중국 땅 시안(西安)에서 일본의 항복을 전해 듣고 그는 "이것은 내게는 기쁜 소식이라기보다는 하늘이 무너지는 듯한 일이었다. …… 그보다도 걱정되는 것은 우리가 이번 전쟁에 한 일이 없기 때문에 장래에 국제간에 발언권이 박약하리라는 것"이라며 우려했다. 어쨌든, 대다수의 한국인이 일시적이라고 생각했던 1945년 8월의 영토 분단은 해소되지 못하고, 오히려 3년 후인 1948년 한반도에 두 개의 적대적인 정부의 등장과 1950년 6·25 전쟁으로 민족적 분단이 심화·고착되어 갔다.

제2차 세계대전 동안 전후 처리 문제 중의 하나였던 식민지 문제의 해결을 위한 방안으로 미국의 루스벨트(Franklin D. Roosevelt) 대통령은 '국제 신탁 통치안(international trusteeship)'을 한국에도 그대로 적용시키자고 소련과 영국에게 제안했었다. 마찬가지로, 루스벨트를 계승한 트루먼 행정부도 북위 38도선을 한반도의 분할 점령을 위한 경계선으로 삼자고 소련에게 제의해 스탈린(Iosif V. Stalin)의 즉각적인 동의를 얻었다. 미국의 38도선 획정의 배경과 과정을 보다 구체적으로 살펴보자.

38도선 획정의 배경과 과정

1945년 8월 6일과 9일, 미국은 가공할 만한 파괴력을 지닌 신무기인 원자폭탄을 일본의 나가사키(長崎)와 히로시마(廣島)에 투하했다. 곧이어 소련도 일본에 선전포고를 함으로써 일본은 무조건 항복하게 되었고, 마침내 태평양 전쟁도 종식되었다. 이러한 갑작스러운 상황 변화 아래서 미국과 소련은 한반도의 분할 점령을 논의했다.

38도선이 어떻게 해서 설정되었는가 하는 배경에 대해

서는 지금까지 국내외 학계에서 많은 학문적 논쟁이 있어 왔다. 한반도의 분할을 트루먼 대통령과 맥아더(Douglas MacArthur) 장군 사이의 "내부적인 갈등에 대한 하나의 타협적인 해결"의 부산물이라고 주장하는 견해가 있는가 하면, "연합국의 전시 동맹체제의 붕괴와 냉전체제 등장의 직접적인 결과"라는 주장도 있다.

그러나 미국의 한국 분단 결정을 사전에 치밀하게 계산된 장기적인 정책 계획이나 트루먼 행정부 내의 타협의 소산이라고 이해하기보다는 일본의 항복을 접수하기 위한 군사적 편의주의의 산물이라고 이해하는 것이 보다 타당하고 합리적인 설명이 될 것이다.

과거에도 한국의 주변 국가들이 한반도의 분할을 획책한 역사적 사실이 있었다. 하지만 태평양 전쟁이 종결될 즈음 미국의 정책 수립가들은 한국에 주둔하고 있던 일본군의 항복을 접수하기 위해 38도선을 설정했을 당시에는 그와 같은 선례들이 존재했다는 사실을 인지하지 못했던 것 같다.

1945년 8월 초 포츠담(Potsdam) 회담 당시, 미국과 소련의 군사 전략가들은 소련이 태평양 전쟁에 참전할 것에 대비해서 극동에서의 공군과 해군 작전 지역을 분할하기로 합의했는데, 미국의 공군과 해군의 작전 범위는 남만주 지역의 일부와 한반도의 거의 전부를 포함하는 것이었다. 그러나 미·

소 양국은 한국에 주둔하는 일본군을 공격하기 위한 육군의 작전 범위에 관해서는 별다른 논의를 하지 않았다.

다만 1945년 7월 24일의 회담에서 마셜(George C. Marshall) 미국 육군참모총장은 안토노프(Alexey I. Antonov) 소련 육군 참모총장에게 가까운 장래에는 한반도에 대한 육해공군의 합동 작전이 없을 것이라고 말한 바 있었다. 미국의 군사 전략가들은 1945년 11월에 예정된 규슈(九州) 침공 작전인 올림픽 작전(Operation Olympic)과 1946년에 계획된 도쿄 침공 작전인 코로넷 작전(Operation Coronet)을 한국에 대한 상륙 작전보다도 훨씬 더 중요하게 판단했기 때문이었다.

트루먼 행정부의 고위 정책 수립가들, 특히 육군부의 관리들은 일본의 붕괴와 소련의 참전으로 인해 "한반도에 대해 무엇인가가 결정되어야 한다"라고 인식하기 시작했다.

1945년 8월 8일 일본에 대한 선전포고와 함께 소련군은 150만 명의 병력으로 연해주(沿海州), 하바롭스크(Khabarovsk), 그리고 자바이칼(Zabaikal) 등 세 전선에서 공격을 감행했고, 만주에 주둔하고 있던 일본 관동군을 격파해 갔다. 그리고 소련군 극동 제1방면군의 제25군은 함경도 지역으로 진격하여, 1945년 8월 9일에는 경흥, 10일에는 함흥, 12일에는 웅기와 나진, 15일에는 원산, 그리고 16일에는 청진을 점령했다. 1945년 8월 24일에는 소련군이 평양에 진입했고 점령군 사령부가 설치되었다.

한편, 미국은 '결정적 신무기(the winning weapon)'인 원자
폭탄의 실험이 성공적으로 끝난 이후 일본의 점령과 통치에
소련의 실질적인 참여를 허용하지 않기로 작정했다. 하지만
한국에 관해서는 미소 양군에 의한 분할 점령을 시행하기로
조급하게 결정했던 것이다.

미국 국무부, 육군부, 그리고 해군부의 대표들로 구성
된 3부정책조정위원회(SWNCC, State-War-Navy Coordinating
Committee)는 1945년 8월 10일 밤 매클로이(John J. McCloy)
육군차관보의 집무실에서 일본군의 항복을 접수하기 위한
방안들을 논의했다. 3부정책조정위원회는 국무부, 육군부,
해군부가 취급하는 정치·군사적 문제들을 함께 논의하고 조
정해서 통일된 정책을 수립하기 위해 1944년 12월에 설치되
었다.

이 위원회는 미국 대통령의 승인을 받기 위한 포괄적인
정책을 수립하고, 또 항복 조건과 군사적인 명령서를 작성하
는 임무를 맡고 있는 합동참모본부(JCS, Joint Chiefs of Staff)에
정책상의 지침을 제공하는 최고 정책기구가 되었다. 위원장
인 던(James C. Dunn) 국무차관보, 게이츠(Artemus L. Gates) 해
군차관, 그리고 매클로이가 각 부를 대표했다. 이 위원회는
산하에 여러 소위원회를 두었는데, 그중 하나인 극동문제담

당 소위원회는 일본과 한국에 관련된 문제들을 논의하고 정책 결정을 위한 건의서를 마련하는 것이 주된 임무였다.

1945년 8월 10일 밤에 긴급히 열린 회의에서, 국무부 대표는 한국에 주둔하고 있는 일본군의 항복을 미군이 가능한 한 북쪽 지역 멀리까지 확대시켜서 접수하기를 원했고, 반면에 해군부 대표는 랴오둥(遼東) 반도의 다롄(大連) 항구를 점령할 목적으로 39도선을 경계로 하는 안을 제시했다.

한편, 전후 배상금 문제를 담당하고 있던 트루먼 대통령의 개인 특사인 폴리(Edwin W. Pauley)는 1945년 8월 10일 모스크바에서 워싱턴으로 보낸 전문에서 다음과 같이 건의했다. "배상금 문제를 비롯한 다른 현안들을 소련과 논의한 결과 본인이 얻은 결론은 미군이 빠른 시일 안으로 한국과 만주 지역의 공업지대를 가능한 한 많이 점령해야 한다는 것입니다." 또한 트루먼 자신도 "만약 일본의 항복을 접수한 후에도 소련군이 점령하지 않았다면, 미군은 일본이 항복한 후 즉시 다롄과 한반도에 있는 항구를 점령할 필요가 있다"라는 견해를 갖고 있었다.

그러나 육군부는 시간과 거리상으로 현실적인 어려움이 많았기 때문에 소련 군대가 한반도에 진입하기 전에 미군을 한국의 북쪽 지역까지 진출시키는 것이 어려운 형편이었다. 이런 이유로 매클로이 육군차관보는 육군부의 본스틸 3세

(Charles H. Bonesteel III) 대령과 러스크(Dean Rusk) 대령으로 하여금 미국의 정치적 목표와 육군이 당면한 현실적인 제약들을 서로 조화시킬 수 있는 실질적인 방안을 강구하라고 지시했다.

이들이 제시한 방안은 서울과 인천, 부산을 미국의 점령지역에 포함시키는 38도선을 미국과 소련의 점령 경계선으로 삼는다는 것이었다. 본스틸과 러스크는 만약 소련이 38도선에 동의하지 않을 경우, 미국이 현실적으로 거기까지도 북진하기가 매우 어렵다고 판단하고 있었다.

1945년 8월 11일 오후, 제20차 3부정책조정위원회의 본회의에서 38도선의 설정 방안에 대해 논의했고, 다음 날인 12일 던 국무차관보는 원칙적으로 찬성한다는 의사를 표명했다. 그리하여 육군부는 38도선을 미·소 점령 지역의 경계선으로 한다는 내용이 포함된 '일반명령 제1호'를 초안했다. 그리고 위원회는 그 초안의 내용을 검토·수정할 수 있는 기회를 합동참모본부에게 주었다. 1945년 8월 14일, 합동참모본부는 위원회에 보낸 의견서에서 다음과 같은 견해를 제시했다.

38도선 이남은 한국에서 가장 중요한 도시인 서울과 인천, 부산을 포함하고 있을 뿐만 아니라 한국 인구의 2/3와 전체 면적의 상당한 부분을 포함하고 있다. 만약 4개국에 의한 분할통치가 실시될 경우에 영국과 중국에게도 지역을 할당해 줄 수 있는 장점이 있기 때문에 38도선의 선택은 타당하다.

이후 합동참모본부는 트루먼 대통령의 승인을 거친 후 1945년 8월 15일 필리핀에 있는 연합국 최고 사령관인 맥아더에게 '일반명령 제1호'를 보냈다. 그와 동시에 트루먼은 스탈린에게 그 내용을 통보했고, 다음 날인 8월 16일 스탈린은 즉각 "38도선을 경계로 미·소가 한반도를 분할 점령한다는 미국의 결정에 동의한다"라는 내용의 전문을 워싱턴에 보냈다.

38도선을 맨 처음 제안한 당사자였던 러스크는 소련이 미군의 군사적인 배치 상황 등을 고려해 38도선보다 훨씬 남쪽의 위도선을 고집할 것으로 예상했었다. 그렇기에 막상 스탈린이 미국의 제안에 쉽게 동의한 사실에 '다소' 놀랐다고 후일 당시를 회고했다.

스탈린은 실제로 한반도 전체를 점령할 수도 있었지만, 미국의 제안을 즉각적으로 수용했다. 그 이유는 무엇인가?

스탈린으로서는 미국이 북한에 대한 소련의 '정당한' 이익을 보장해 주었기 때문에 미국의 제안을 수용하는 데 별다른 어려움이 없었을 것으로 보인다. 게다가 스탈린은

1945년 초부터 폴란드 연립정부의 성격이 명목상 좌우 연립 정권이고 실제로는 공산정권이라고 신랄하게 비판해 온 미국과의 갈등을 더 이상 악화시키고 싶지 않았다.

또한 소련의 입장에서 볼 때 훨씬 더 중요하고 현실적인 문제로서, 일본에 대한 점령과 통치에 소련의 참여를 강력히 희망하고 있었기 때문에 미국의 제안을 수락해야 할 필요성을 인식하고 있었을 것이다. 스탈린은 미국의 38도선 제안에 동의하는 회신에서, 소련 군대의 일본 홋카이도(北海道) 북반부 점령을 요청했던 것이다. 스탈린은 한반도의 분할 점령에 대해서는 미국의 주장을 수용하겠다는 협조 정신을 보여 줌으로써 보다 중요한 일본 점령 문제에 관해 소련의 참여와 역할을 증대시킬 수도 있을 것으로 기대했을 가능성이 매우 높다.

어쨌든, 38도선은 미국과 소련의 분할 점령의 경계선으로서 일본군의 항복을 접수한다는 군사적인 이유가 최우선적으로 고려되어 설정되었다고 보아야 할 것이다. 맥아더 장군도 1951년 미 의회 상원 외교위원회와 군사위원회의 합동회의에서 한 증언에서, 38도선은 단순히 미군과 소련군의 이동에 "한계를 긋기 위한 편의적인 수단"으로써 선택되었다고 말했다.

이처럼 한반도를 무차별하게 갈라놓았던 38도선의 선택

은 그것이 한국민에게 가져다줄 정치·경제·사회적 결과와 영향을 전혀 고려하지 않고 편의적이고 인위적으로 결정한 것이었다. 후일 트루먼도 그의 회고록에서, 38도선은 일본군의 항복을 받기 위한 미·소 간의 책임 구역을 정하기 위해 편의상 선정되었을 뿐이지, 그 이외의 다른 정치적 의도와 목적은 결코 없었다는 점을 강조했다. 또한 국무부의 점령지역담당 차관보였던 힐드링(John H. Hildring) 육군소장도 슈라이브너(Eryet P. Schrivner) 하원의원에게 보낸 편지에서, 38도선은 "순전히 일본군의 항복을 받기 위한 목적"으로 선택되었다고 말했다.

이렇듯 38도선은 사전에 치밀한 계획과 또 그것이 초래할 영향을 전혀 고려하지 않고 군사적 편의주의가 우선되어 결정되었고, 한국민의 의사와는 상관없이 한반도는 양분되고 말았다.

군정의 개시와 하지 장군의 '불가능한 임무'

'군인 정치가' 하지의 등장

미국은 일본의 항복을 접수하는 데 어려움이 없었다. 그러나 남한의 혼란한 정치·경제·사회적 상황에 적절히 대처할 수 있는 사전 준비는 갖추지 못하고 있었다. 남한 주둔 미점령군 사령관의 임명 문제만 보더라도 그러하다. 하지 육군 중장이 남한 지역의 최고 책임자로 결정된 가장 중요한 이유는 일본이 항복할 무렵 그의 부대가 가장 빨리 한국으로 이동할 수 있는 위치에 있었기 때문이었다. 하지의 제24군단은 1945년 11월로 예정된 일본 본토 공격에 참여하기 위해 오키나와(沖繩)에 주둔하고 있었다.

맥아더 장군 휘하의 태평양 지역 최고 사령부는 만약 일본이 갑자기 붕괴될 경우에 대비해 일본과 한국에 대한 공격과 점령을 위한 비상 계획들을 1945년 6월부터 준비하고 있었다. 1945년 7월 6일, 맥아더 사령부는 산하 지휘관들에게 일본과 한국의 점령에 따른 지시 사항들을 담은 '블랙리스트 계획(Blacklist Plan)'을 배부했다. 이 계획에 따르면, 점령군 최초의 임무는 일본 군대의 무장 해제와 통신시설 통제였다. 원래 스틸웰(Joshep W. Stilwell) 육군대장이 지휘하는 제10군단이 남한을 점령하기로 예정되어 있었다. 그러나 태평양 전쟁 동안 중국의 전쟁 수행 정책을 둘러싸고 스틸웰과 자주 충돌했던 장제스(蔣介石)의 강한 반대에 부딪히자 맥아더는 하지로 교체했다.

따라서 하지로서는 남한 점령 임무가 전혀 예상치 못한 명령이었으며 결코 유쾌한 임무가 되지 못했다. 하지의 제24군단은 일본 침공을 위해 편성되고 훈련되었기 때문에 점령 지역에 대한 운영에 필요한 요원들이 거의 없었다. 태평양 전쟁 동안 '군인 중의 군인' '태평양의 패튼(the Patton of the Pacific)'으로 불릴 만큼 용감한 지휘관이었던 하지는 본의 아니게 고도의 정치력이 요구되는 남한의 최고 통치자로 부임하게 되었다. 1945년 8월 27일, 하지는 공식적으로 주한

미 점령군 사령관이자 군정의 최고 책임자 직책을 맡게 되었다.

맥아더는 하지 부대에게 남한 점령을 위한 3단계 작전 명령을 하달했다. 서울과 인천 지역을 점령(제1단계)해 조선총독부로부터 소관 업무를 인계받은 후 부산 지역을 점령하고 (제2단계), 전주와 군산 지역을 점령(제3단계)하는 것이었다. 점령군에 맡겨진 또 다른 임무는 점령군의 작전 수행에 방해가 되는 한국인들과 그 조직들에 대한 감시와 통제, 육해로의 교통수단과 통신수단의 확보, 그리고 남한 내에 법과 질서의 유지를 목적으로 하는 군사 정부의 설치 등이 포함되었다.

대다수의 미국인들이 그러하였듯이 하지 사령관도 한국에 관한 지식이 거의 없었다. 해방 당시 미국이 그나마 활용할 수 있었던 유일한 정보 자료는 육해군의 정보용으로 작성된 '재니스(Janis)'라고 불린 한국에 관한 안내서가 고작이었다. 미국은 제2차 세계대전 초기부터 독일, 일본, 오스트리아, 그리고 필리핀에 대한 점령과 군정 계획을 구체적으로 수립하고 있었지만 한국의 경우는 달랐다. 트루먼 행정부는 한국을 마치 서자(庶子)처럼 취급했다. 따라서 하지가 남한을 점령할 즈음 국무부와 육군부는 한국 점령에 관한 세부적인 계획을 전혀 마련하지 못하고 있었다.

하지 부대가 남한에 진주하기 일주일 전인 1945년 9월 1일부터 수 일 동안 미군은 서울과 인천 지역에 수많은 전단을 공중 살포했다. 그 내용은 한국인들이 분별없고 경솔한 행동을 하지 말 것, 한반도가 내란에 의해 초토화되지 않도록 신중히 처신할 것과 미군의 명령을 절대적으로 준수해야 하며, 만약 명령을 위반할 경우 가차 없이 처벌받을 것임을 경고하는 내용이었다. 전단의 내용이 너무도 위압적이고 명령조였기 때문에 많은 한국민들은 과연 미군이 '해방군'으로 오는 것인지, 아니면 '정복자'로 오는 것인지에 대해 갈피를 잡지 못했다.

그러나 곧 미군정은 남한에서 무력적인 '지배자'의 모습을 드러냈다. 1945년 9월 7일, 맥아더는 포고문을 발표하고, 또다시 한국민에게 점령군에 저항하거나 공공질서와 안녕을 파괴하는 행위는 엄중한 처벌을 받게 될 것이라고 경고했다. 또한 군정이 계속되는 동안 영어가 남한에서 공식어로 사용될 것임을 선언했다. 이렇듯 미국은 한국을 일본과 마찬가지로 패전국으로 간주했던 것이다.

점령군이 인천에 상륙한 다음 날인 1945년 9월 9일 오후 4시, 서울에서 일본의 항복을 공식적으로 접수하기 위한 의식이 거행되었다. 미국을 대표한 하지와 미 해군 제7함대 사령관인 킨케이드(Thomas C. Kinkaid) 제독, 그리고 일본을 대표한 한국 주둔 일본 육군 및 공군사령관인 고즈키 요시오 (上月郞夫) 육군중장과 해군제독 야마구치 기사부로(山口儀三郞), 그리고 조선총독 아베 노부유키(阿部信行)가 일본의 항복문서에 정식 서명했다. 조인식이 끝난 직후 조선총독부 건물에는 일장기 대신 성조기가 게양됨으로써 남한에서의 미군정이 시작되었다.

군정 첫날부터 하지는 한국민의 분노를 샀다. 하지가 군정의 명령을 효율적으로 집행하기 위해 아베 총독과 상당수의 일본인 관리들을 "하루가 될지, 1년이 될지 모르지만" 당분간 그대로 이용하겠다고 발표했기 때문이었다. 하지의 발표는 물론 자신의 독단적인 결정은 아니었고, 단순히 일본 점령에 관한 본국 정부의 지침을 한국에도 그대로 적용시켰을 뿐이었다.

그러나 하지의 발표에 상당한 문제가 있다고 판단했던 3부정책조정위원회는 남한에서의 군사적인 분야 이외의 통치에 관한 기본적인 지침서를 새로 작성해 합동참모본부의 동의를 거친 다음 1945년 9월 14일 맥아더와 하지에게 전달했다. 그 내용은 아베 총독을 비롯해 모든 일본인 고위 관리들을 즉시 해임하라는 것이었다.

군인 정치가의 역할을 감당해야 했던 하지의 출발은 혼돈과 좌절감 속에서 시작되었다. 그것은 하지 개인의 능력이 남한의 혼란스러운 정치 상황을 대처하기에 턱없이 부족했다고 말하기보다는 본국으로부터 적절한 정책 지침을 제때에 받지 못했기 때문이었다. 후일, 하지는 사전 준비도 없이 남한을 점령하게 되었다는 점을 누누이 지적하기도 했다. 어쨌든, 하지는 상부의 지침에 따라 아베를 해임하고, 보병 제7사단장인 아놀드(Archbold W. Arnold) 소장을 군정장관으로 임명했다. 또한 총독부의 모든 관리들은 동시에 면직시켰다. 하지의 권위와 위신이 크게 손상되었음은 말할 것도 없었다.

조선건국준비위원회의 결성과 남한의 정치 상황

한편, 일본이 무조건 항복을 선언하기 직전 아베 총독은 전쟁의 종식과 미군의 점령 사이의 과도기 동안에 약 80만 명에 달하는 일본인과 일본군의 생명과 재산을 보호하며, 그들의 안전한 본국 귀환을 보장받고, 또한 한국인들의 보복을 사전에 막기 위해 송진우(宋鎭禹), 여운형(呂運亨) 등과 행정권의 이양을 위한 교섭을 벌였다. 우익의 송진우와 김성수(金性洙)와는 달리 온건좌익으로 알려진 여운형은 아베의 제의를 수락했다. 이에 따라 여운형은 조선총독부 정무총감인 엔도 류사쿠(遠藤柳作)와의 회담에서 수감되어 있는 모든 정치범과 경제범을 즉시 석방할 것, 3개월 동안의 식량을 확보할 것, 그리고 치안 유지와 건국을 위한 노력에 일체 간섭하지 말 것 등 다섯 가지 요구 사항을 보장받고, 그 후 우익의 안재홍(安在鴻)과 함께 '조선건국준비위원회'를 결성했다.

조선건국준비위원회는 외세에 의한 해방 정국에서 민족주의적 자주 독립정부를 수립하기 위한 정치적 연합 전선의 성격을 띠고 있었다. 조선건국준비위원회의 인적 구성은 민족주의 세력, 사회주의 세력, 그리고 공산주의 세력이 모두 포함되어 있었다. 1945년 8월 말까지 전국에 145개의 조선건국준비위원회의 분회가 조직되었다. 이렇듯 조선건국준비위원회가 갖고 있는 반일 민족주의자들의 연합체의 성격으로 말미암아 대중의 호응도는 매우 높았다.

그러나 조선건국준비위원회 내부의 좌·우파 대립이 심화되고, 박헌영(朴憲永)의 조선공산당이 조선건국준비위원회의 주도권을 잡아가자 안재홍 일파는 탈퇴하기에 이르렀고 마침내 조선건국준비위원회는 분열되고 말았다.

미군이 상륙하기 직전인 1945년 9월 6일, 박헌영, 허헌(許憲), 여운형은 서울에서 전국인민대표자대회를 개최하고, '조선인민공화국'의 수립을 전격적으로 선포함으로써 조선건국준비위원회는 해체되었다. 그들은 미군의 점령이 시작되기 전에 기선을 제압함과 동시에 중국 충칭에 있던 대한민국임시정부가 돌아오기 전에 조선인민공화국의 수립을 기정사실화하려는 저의를 갖고 있었다. 박헌영은 인민공화국의 수립을 통해 여운형의 세력을 제거하고, 궁극적으로 자신의 주도로 공산주의 혁명을 달성하려고 기도했던 것이다. 그것은 조선인민공화국의 중앙위원 55명과 후보위원 20명 중에서 52명(약 70퍼센트)이 공산당 계열이었다는 사실에서 잘 드러나고 있다.

박헌영은 인민공화국을 한국의 '합법적인 정부'라고 주장했지만, 점령군 사령관 하지는 그 정당성을 인정하지 않았다. 하지가 한국에 도착하기 전에 받은 명령은 한국에서의 '어떠한 사실상의(de facto) 정부'도 인정해서는 안 된다는 것이었다. 루스벨트와 트루먼 행정부의 기본적인 한국 정책은 미국, 소련, 영국, 중국에 의한 국제적인 신탁 통치를 실시하는 것이었다. 따라서 즉각적인 한국의 독립은 미·소가 한반도를 분할 점령하고 있는 상황에서 미국이 독단적으로 결정할 수 있는 문제도 아니었을 뿐만 아니라 애당초부터 미국의 의중에도 없었다. 그래서 미국은 조선인민공화국만이 아니라 대한민국임시정부도 합법적인 망명정부로 간주하지 않았기 때문에 인정하지 않았다.

미국의 의지와 정책이 확고한 가운데 제2차 세계대전 동안 대한민국임시정부 주미 외교위원부의 위원장으로 활동했던 이승만을 중심으로 한 우익의 정당들과 사회단체들은

10월 하순 '조선독립촉성중앙협의회'를 결성하고, 남한에서 정치적 주도권을 장악하기 위해 조선인민공화국과 경쟁했다.

이렇듯 남한에는 대한민국임시정부와 조선인민공화국, 그리고 이승만 세력 등 3개의 정치 세력이 존재했다. 처음에 이승만 세력과 대한민국임시정부는 공동 보조를 취했으나 이승만의 '단독정부 수립론'이 구체화되면서 갈등이 심화되었고, 조선인민공화국은 처음부터 두 세력과 대결 관계에 놓여 있었다.

하지의 상황 인식과 워싱턴의 반응

군정의 최고 책임자인 하지는 남한의 정치 세력들과 우호적인 관계를 유지하는 것이 중요하다고 인식하고, 점령 직후인 1945년 9월 12일에 51개의 정당과 사회단체의 대표자들을 초청한 자리에서 한국의 독립을 촉진하기 위해 정치 지도자들의 협력이 긴요하다고 강조했다. 그러나 하지는 본국 정부가 어떤 적극적인 조치들을 취하지 않는 한 남한의 정치적 혼란은 계속될 것이라고 믿었다. 1945년 9월 13일, 하지는 직속상관인 맥아더에게 보낸 최초의 보고서에서 다음과 같이 자신의 견해를 피력했다.

현재 남한은 언제 폭발할지 모르는 화약고에 비유하는 것이 가장 적절하다. 한반도를 두 개의 점령 지역으로 분리해 점령국들이 단일 지휘체계를 수립하지 않고, 서로 다른 점령 정책을 실시한다는 것은 한국을 해결 불가능한 상황으로 만들 뿐이다. …… 나는 나 자신의 행동만으로는 해결할 수 없는 두 가지 엄청난 어려움을 안고 있다. 첫째는 내가 한국민과 한국의 앞날이 어떻게 전개될지, 두 점령국에 의해 지금 거의 완전하게 분단된 상태에서 그 해결책이 무엇인지, 그리고 당장의 군사적 필요성을 넘어 점진적으로 취해질 연합국이나 미국의 한국 정책들이 무엇인지에 대해 아무런 정보를 갖고 있지 못하다는 점이다. 둘째는 한국에 도착한 나의 부대 병력이 매우 부족하고, 또한 유능한 참모들과 군사요원들이 적기 때문에 오직 제한된 지역만을 통치하고 있으며, 그로 인해 전반적인 영향력을 행사하지 못하고 있다는 점이다.

이렇게 남한의 현지 사정을 소상히 설명한 후, 하지는 맥아더에게 ① 한국의 장래에 관한 국제적인 정책을 수립하고 발표할 기구를 서울에 설치할 것, ② 군정 업무와 동양 문화에 익숙한 고급 장교들을 자신의 휘하에 배속할 것, ③ 점령 기간과 총선거를 실시할 때까지 '상징적인 간판 인물들(figure-heads)'로서의 역할을 맡기기 위해 중국에 있는 대한민국임시정부의 요인들을 귀국시키는 것이 바람직하다는 것을 건의했다. 하지는 매우 어려운 한국 상황에 대처할 수 있도록 즉각적이고도 구체적인 정책 지침을 본국 정부가 보내줄 것을 요구했다.

트루먼 행정부는 하지의 건의에 적극적으로 호응하지 않았다. 애치슨(Dean G. Acheson) 국무차관은 1945년 9월 하순 주미 중국대사인 웨이타오밍(魏陶明)과의 회담에서 미국은 대한민국임시정부의 지도자들을 귀국시킬 준비를 하고 있고, 그들은 한국 정부를 수립하는 데 '개인 자격으로' 도울 수 있을 것이라고 말했다. 워싱턴의 고위 정책 수립가들은 여전히 한국을 '의붓자식(stepchild)'처럼 간주했고, 한국민에 대한 신탁 통치는 성공적으로 실시될 것으로 믿고 있었다.

워싱턴으로부터 구체적인 정책 지침이 제때에 전달되지 않았기 때문에 현지의 군정 책임자로서의 하지의 어려움은 계속되었다. 심지어 본국 정부의 정책 지침이 늦게 서울에 도착한 경우도 있었다. 1945년 10월 13일, 트루먼 행정부는 한국에 대한 '기본적인 정책 지침(SWNCC 176/8)'을 승인해 4일 후인 1945년 10월 17일 도쿄에 있는 맥아더에게 전달했다. 그러나 어떻게 된 일인지 그 지침이 하지에게 최종적으로 전달된 날짜는 한참 뒤인 1945년 12월이었다. 하지는 자신이 당면한 어려움을 이렇게 토로했다.

우리는 지금 무엇을 어떻게 해야 하는가를 가르쳐 줄 선례나 지침들이 충분하지 않는 상태에서 일을 꾸려 가고 있다. 우리는 우리들 자신에게 의존하고 있다.

하지가 받은 '기본적인 정책 지침'의 주요 내용은 ① 미국과 소련에 의한 남북한 분할 통치, ② 4개국에 의한 신탁 통치의 실시 ③ 궁극적인 한국의 독립이라는 점진적인 과정을 담고 있었다. 또한 하지에게 다음의 사항을 특별히 주지시켰다.

비록 당신(하지)이 자칭 대한민국임시정부라든지, 그와 유사한 어떠한 정치 단체들의 존재나 조직 그리고 활동을 허용해 줄 수는 있지만, 그러한 집단들을 정치적 목적을 위해 이용해서도 안 되며 또한 공식적으로 승인해서도 안 될 것이다.

이 지침은 하지에게 신탁 통치의 실시와 민주주의의 실현을 위해 필요한 정치적 안정을 확립하는 데 노력할 것을 지시했다. 그러나 하지는 처음부터 남한에서 좌익과 우익의 대결로 인한 불안정한 정치 상황에 직면해야만 했다. 군정당국은 본국 정부의 훈령에 따라 가능한 한 남한의 정치 상황에 중립적인 입장을 견지하려고 했다. 그러나 '합법적인 정통 정부'라고 주장하는 조선인민공화국의 정치적 도전으로 인해 중립성을 유지할 수 없었다.

1945년 10월 10일, 하지는 아놀드 군정장관을 통해 조선인민공화국은 아무런 '권위나 권한'이 없다고 선언하고, 38도선 이남에는 오직 미군정만이 '권위를 가진 유일한 합법정부'임을 강조했다. 이때부터 군정과 좌익 간의 대립이 심화되었고, 동시에 군정에 대한 좌익의 정치 공세도 강화되었다.

1945년 10월 5일, 군정 당국은 한국민주당(한민당)의 김성수와 송진우를 비롯한 11명의 한국인을 군정의 고문으로 위촉하였는데, 대부분이 한민당 계열의 인물들이었다. 그러나 여운형은 그들의 대표성을 문제 삼아 고문직을 수락하지 않았으며, 대중도 고문회의에 큰 관심을 보이지 않았다. 토착보수 집단인 한민당은 조선건국준비위원회와 조선인민공화국의 노선에 철저히 반대하고, 대한민국임시정부의 추대를 건국의 방안으로 제시했는데, 좌우의 대결 구도 속에서 군정 당국의 지원에 힘입어 그 세력이 빠른 속도로 확대되어 갔다. 동시에 한민당은 군정청과 사법기관의 많은 요직을 차지하게 되었다.

조선공산당을 비롯한 좌익의 활동이 강화됨에 따라, 하지는 1945년 11월 초순 맥아더에게 적극적인 대응 조치가 취해지지 않는다면 남한의 정치 상황이 매우 어려운 국면에 직면하게 될 것이라고 보고했다. 맥아더는 하지의 의견에 동의했지만 국무부의 견해는 달랐다. 국무부는 군정이 끝난 후 신탁 통치를 실시하는 것이 미국의 '기본적인 정책'임을 강조했던 것이다. 그러나 하지는 미국의 '기본적인 정책'이 분단된 한국의 상황에서 순조롭게 이행될 수 있을 것이라고는 믿지 않았다.

전쟁터에서는 탁월한 지휘관으로 평가받았던 하지였지만, '동양의 폴란드'라는 한국의 정치전장(政治戰場)에서는 점점 패장의 신세로 전락하고 있었다. 게다가 보다 심각한 문제가 하지를 기다리고 있었는데, 그것은 바로 하지 자신이 표현한 대로, "한국에서 정치적 소용돌이를 야기한 주된 요인"이었던 신탁 통치 문제였던 것이다.

한반도 신탁 통치안과 이승만의 단독정부 수립론

1945년, 미국의 공식적인 한국 정책은 신탁 통치를 성공적으로 실시한 후 통일된 민주정부를 수립하는 것이었다. 미국이 국제적인 신탁 통치를 계속 고집한 것은 연합국 간의 합의를 이행한다는 측면뿐만 아니라 군사적인 점령과 그에 따르는 엄청난 재정 부담으로부터 벗어나기 위함이었다. 미국은 한반도의 전략적 가치를 결코 높이 평가하지는 않았지만, 신탁 통치를 실시함으로써 한반도가 일본을 공격할 수 있는 전진기지로 이용되는 것을 사전에 방지하는 데 도움이 될 것으로 판단했다.

1945년 10월 20일, 국무부의 극동국장인 빈센트(John C.

Vincent)는 "미국은 한국의 자치 능력 부족으로 일정 기간 신탁 통치를 할 필요가 있다"라고 말했고, 11월 초에는 "미국은 빠른 시일 안에 소련, 영국, 중국과 함께 신탁 통치 문제를 구체적으로 논의할 계획"임을 표명했다.

한국민은 빈센트의 발언에 분노했고, 신탁 통치를 강력히 반대하고 나섰다. 정당과 사회단체 지도자들도 한국은 자치 능력이 충분하기 때문에 즉각적인 독립을 주장했다. 따라서 1945년 12월 중순에 개최될 모스크바 3상회의에 한국민의 관심이 집중되었다. 미국의 신탁 통치안은 이승만과 김구 등 대한민국임시정부 요인들이 귀국함으로써 더욱 거센 반발을 받게 되었다.

1945년 10월 16일, 이승만은 멀고도 먼 이국(異國)에서 33년이라는 기나긴 망명 생활을 마감하고, 마침내 그리던 고국의 땅을 밟았다. 그러나 그는 조국의 강토가 미국과 소련에 의해 분할 점령된 상태에서 또다시 외국의 통치를 받고 있는 서글픈 현실에 직면하게 되었다. 이러한 현실은 노정객(老政客) 이승만의 가슴을 아프게 만들었을 뿐만 아니라 정치적 야심이 강한 현실주의자로서, 자신의 건국 구상에도 상당한 영향을 끼친 상황 조건이었다.

게다가 청년 시절부터 유학 시절, 그리고 망명 생활이라는 수십 년 동안 반러·반소(反蘇)주의적 태도를 견지함으로써 귀국할 당시 이미 사상적으로 철저한 반공주의자로 굳어 버린 이승만에게 미·소의 전략적 합작품인 '한반도 신탁 통치안'은 비단 한국민의 자존심 차원의 문제가 아니라 현실적 으로도 결코 용납될 수 없는 것이었다.

어쨌든, 이승만은 대한민국임시정부를 승인하지 않았던 미국의 방침에 따라 개인 자격으로 귀국했다. 이승만의 귀국 길에도 숱한 우여곡절이 있었다. 그는 1945년 10월 4일 오후 워싱턴을 출발해 샌프란시스코와 하와이를 경유, 10월 10일 일본에 도착했다. 10월 16일 오전까지 도쿄에 체류하는 동안 이승만은 남한 주둔 미 점령군 사령관인 하지에게 자신의 귀국이 허락된다면 공인(公人)이 아닌 사인(私人)으로 행동할 것이며 점령 당국에 협조하겠다는 각서에 직접 서명했다.

그날 오후 5시 '하지 장군의 초청객'으로 서울에 도착한 이승만은 귀국 방송에서 "내가 이번에 이렇게 온 것은 임시 정부나 외교 관계로 온 것이 아니라 다만 평민의 자격으로 사행(私行)처럼 왔다"라고 말하면서, "모든 정당과 정파가 협동해 우리 조선의 완전무결한 자주독립을 찾는 것이 자신 의 희망"이라고 강조했다. 이승만과 마찬가지로 김구와 김 규식(金奎植)도 1945년 11월 23일 임시정부가 정부로서 행 동하지 않겠다는 서약서를 하지에게 제출한 후에 귀국했다.

하지는 남한의 정치적 혼란을 수습하기 위한 이승만의 역할에 커다란 기대를 걸었기 때문에 그를 극진하게 대우했다. 하지의 특별한 배려는 이승만이 오랫동안 한국민의 지도자로서 활동해 왔기 때문에 그의 명성이 매우 높았고, 해방 직후에 실시된 각종 여론조사에서도 항상 최고의 명망을 지닌 지도자 중의 한 사람으로 선택되었다는 사실에도 크게 기인했다. 이러한 연유로, 하지는 군정이 소유한 호텔 방과 자동차 연료, 그리고 개인 경호원도 제공했다.

1945년 10월 21일, 서울에서는 미 점령군을 위한 대규모 환영대회가 5만 명이 넘는 군중이 운집한 가운데 개최되었다. 하지는 그 자리에서도 이승만을 한국의 독립과 자유를 위해 일생을 바친 '위대한 인물'이라고 극찬했다. 이승만은 답사에서 38도선과 소련을 맹렬히 비난한 후 한국민은 한반도의 통일을 위해 끝까지 투쟁할 것이라고 역설했다.

이승만에 대한 하지의 특별대우는 그의 정치적 비중과 권위를 더욱 높였을 뿐만 아니라 대다수의 한국인들의 눈에는 미국이 이승만을 장차 한국의 최고 지도자로 지목하는 증거로 비쳐졌을 것이다. 반면에, 소련은 이승만의 노골적인 반소(反蘇) 행동으로 인해 그를 더욱더 기피인물로 간주할 수밖에 없었을 것이다. 그러나 곧 한반도 신탁 통치 문제를 둘러싸고 소련뿐만 아니라 하지의 군정 당국과 트루먼 행정부도 이승만을 기피 내지 경원시하게 되었다.

한편, 빈센트의 발언에 대해 한국민이 강력하게 항의하자 아놀드 군정장관은 1945년 10월 20일에 "빈센트의 발언은 점령 당국의 정책을 대변한 것이 아니다"라고 해명했다. 하지만 한국민의 의구심을 해소하는 데 아무런 도움이 되지 못했다. 하지도 본국 정부에 보낸 전문에서 한국과 관련된 어떠한 협정에서도 미국은 '신탁 통치'라는 용어를 사용하지 말 것을 건의하기도 했다. 물론 하지 자신도 한국은 '오랜 기간' 외부의 도움을 받을 필요가 있다고 인정했지만, 즉각적인 독립을 원하는 한국민이 워낙 많기 때문에 신탁 통치안은 궁극적으로 실패할 수밖에 없을 것이라고 판단하고 있었다.

또 1945년 12월 16일 맥아더에게 보낸 보고서에서도 하지는 ① 38도선의 제거 ② 신탁 통치의 포기 ③ 과거 일본인 소유의 재산을 분명하게 처리하는 정책의 발표 ④ 한국의 조속한 독립을 연합국이 다시 한 번 공개적으로 약속할 것 등을 건의했다. 나아가 하지는 필요하다면 미국과 소련의 점령군이 한국으로부터 동시에 철수하고, '자체정화(self purification)'를 위해서 한국 내의 소요 발생은 불가피하겠지만, 한국 문제를 한국민 스스로의 힘으로 해결할 수 있도록 내버려 두는 방안을 신중하게 고려하는 것도 바람직하다고 건의했다. 육군성과 합동참모본부는 하지의 견해에 동의했지만, 국무부는 여전히 신탁 통치의 실시를 고집했다.

전후 처리 문제들을 논의하기 위해 소집된 모스크바 3상회의는 1945년 12월 27일 공동성명서를 발표했는데, 한국조항은 소련의 주장을 대부분 수용하고 있었다. 즉, 미·소 양국 점령군의 대표들로 구성되는 공동위원회가 한국 임시정부와 협의한 후 미국, 소련, 영국, 중국이 최고 5년 동안 한국을 신탁 통치하기 위한 협정을 체결하는 데 필요한 자료로 이용할 수 있는 보고서를 제출한다는 것이었다. 또한 미국과 소련이 공동위원회의 건의에 대해 '최종적인' 결정권을 갖는다고 명시했다.

3상회의의 결정은 한국민은 말할 것도 없고, 하지를 비롯한 군정 당국에게도 커다란 실망을 안겨 주었다. 남한의 언론은 신탁 통치안을 '제2의 뮌헨' '한국에 대한 모독' '또 다른 위임통치' '국제적인 노예제' '국제 조약의 위반'이라고 신랄히 비난했다. 군정청의 한국인 근무자들도 신탁 통치안에 반대하는 표시로 출근을 하지 않아 군정청의 기능에도 상당한 차질이 발생하기도 했다. '모스크바 협정'이 발표되기 직전인 1945년 12월 25일, 이승만은 자신의 저서인『건국과 이상』을 출간했다. 이 책에서 이승만은 이미 국제 신탁 통치안을 다음과 같이 강하게 비판했다.

근일에 국제신탁이라는 말도 다 이러한 관계로 인하야 나는 것이니, 그 본의는 다른 것이 아니오. 한인들이 저이 일을 해갈만한 자격이 못 되니 누가 대신 다사려서 한인들을 넉넉히 교육식힌 후에 맡게 할 터인데 어떤 나라이던지 한 나라에 맛기면 그 나라가 맡아 가지고 어떠케 할년지 모르니까 여러 나라이 합동하야 신탁처럼 맨들어 그 일홈으로 맛허서 다사리자 하는 말임니다. 이 의론이 지금 널니 유행하는 중이니 이 때 우리가 무식하야 모르고 앉엇던지 무능하야 알고도 아무 수 없이 앉었으면 필경은 이런 언론으로 작정될 것이니 그때는 아모리 반항해도 매우 어려울 것이오. 몇 십년 동안을 또 남의 노예로 지낼 터인데 전에는 왜놈 하나이 우리의 상전 노릇을 하엿지만은 국제신탁제가 되면 우리의 상전이 여럿이 될 것이니 그 굴레를 버서나기 어려울 것임니다.

또한 이승만은 대중 연설을 통해 "탁치(託治)가 강요된다면, 열국의 종속민족으로 우리에 대한 생살여탈권을 타인에게 맡겨 놓는 격이 될 것"이며, 소련의 사주를 받고 있는 공산주의자들의 탁치론은 "영원히 우리 반도와 국민을 팔아먹으려는 가증스러운 행동"이라고 규탄하면서, "반탁 시위는 당연하다"라고 주장했다. 나아가 이승만은 공산주의자들은 궁극적으로 한국을 '소련의 위성국'으로 만들려는 저의를 품고 있다고 경고했다.

김구도 "전 민족이 힘을 합하여" 신탁 통치안을 분쇄할 것을 촉구했고, 특히 신탁 통치는 민족자결주의의 원칙에 위배된다고 규정한 대한민국임시정부는 즉각적으로 정치단체, 사회단체 및 종교계의 지도자들로 구성된 '신탁 통치 반대 국민총동원위원회'를 결성했다. 대한민국임시정부의 반대 투쟁이 격렬해지자, 한때나마 군정 당국은 김구를 비롯한 대한민국임시정부의 요인들을 다시 추방시킬 방안을 모색하기도 했다.

이렇듯, 신탁 통치 문제로 남한의 정치 상황이 악화되어 감에 따라 군정의 최고 책임자인 하지의 입장도 극도로 나빠지게 되었다. 1945년 12월 30일, 군정 당국은 본국 정부의 공식 성명이나 언론보도용 자료에 신탁 통치라는 용어를 더 이상 사용하지 말 것을 국무부에 요청했으며, 같은 날 하지는 맥아더가 한국민을 '무마(public consumption)'하기 위한 성명서를 발표할 것을 주문했다. 나아가 미국, 소련, 영국, 중국의 목적이 "합리적이고 수락할 만한 것"이라고 한국민이 인정하지 않는 한 한국의 재건을 위한 미국의 과업은 성취되기 어렵다고 육군부에 보고했다.

신탁 통치 파문을 최소화하기 위해 하지는 라디오 연설에서 "한국민의 의사를 무시하면서까지 신탁 통치가 강요되지는 않을 것"이라고 말했으며, 청년단체 대표자들과 만난 자리에서도 개인적으로는 신탁 통치를 반대한다는 입장을 밝히기도 했다. 그러나 별다른 효과는 없었다. 또한 미소공동위원회가 신탁 통치 실시를 건의하지 않을 수도 있다는 번즈(James F. Byrnes) 국무장관의 발표도 분노한 한국민을 진정시키지 못했다.

찬탁과 반탁

한반도의 분단과 한국 전쟁이라는 엄청난 비극의 씨앗을 잉태시킨 '신탁 통치안'은 남한의 정치계를 걷잡을 수 없는 혼란의 도가니로 몰아넣었다. 좌익과 우익의 갈등과 대결은 날로 심화되었다. 1946년 1월 2일, 박헌영의 조선공산당이

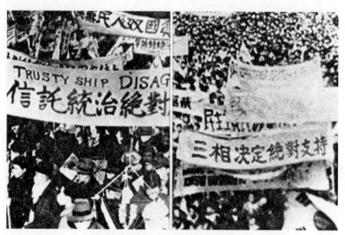

신탁 통치 반대와 찬성 시위

종래의 신탁 통치 반대 입장에서 갑자기 신탁 통치 지지 입장으로 급선회함으로써 좌우익의 대립은 본격화되었다.

조선공산당이 찬탁 노선으로 돌변하게 된 이유가 소련의 종용이건, 당 수뇌부의 독자적인 결정이건 간에 찬탁 노선은 일반 대중의 반탁 감정과 배치됨으로써 좌익의 이미지를 크게 손상시켰을 뿐만 아니라 지지 기반을 상당히 상실하게 되는 결과를 초래했다.

1946년 1월 중순 조선공산당과 인민당(人民黨)은 좌익 세력의 통합을 위한 '민족통일전선 준비위원회'를 결성하고, 대한민국임시정부의 정통성에 대한 부인과 신탁 통치 지지를 선언했다. 2월 중순 좌익은 좌익 정당의 연합체인 '남조선 민주주의 민족전선'을 결성했으며, 우익은 2월 초순 이승만의 '독립촉성중앙협의회'와 김구의 '신탁통치반대 국민총동원위원회'가 연합해 '대한독립촉성국민회의'를 새롭게 발족시킴으로써 좌우익은 양대 진영으로 대결하게 되었다.

남한의 정치계가 좌우익의 이념적인 대립으로 분열된 상황과 1946년 3월 하순으로 예정된 미소공동위원회의 개최를 앞두고 군정 당국은 실질적인 자문기관의 역할을 맡게 될 '남조선 대한국민대표 민주의원'의 구성을 추진했다. 1946년 1월 28일자로 된 3부정책조정위원회의 정책 지침은 하지에게 미소공동위원회가 협의 대상으로 삼기 위해서 "극우도 극좌도 아닌" 정치인들로 구성된 자문기구를 설립하기 위해 특별히 노력할 것을 강조했다.

하지는 이 지침에 따라 주요 정치단체들에게 민주의원의 구성을 위해 그들의 대표자들을 추천해 줄 것을 요청했다. 조선공산당은 하지의 요청을 거절했고, 여운형도 민주의원의 구성원들이 대부분 우익 진영의 인물들이라는 이유로 참여를 거부했다. 민주의원이 1946년 2월 14일에 정식으로 수립되었지만, 하지는 이 기구를 어떠한 정치적 이익을 도모하기 위한 수단으로는 이용할 수가 없었다. 해방 직후 좌우익의 연합을 위한 노력도 실패했고, 민주의원도 모스크바 협정을 반대하고 나섬으로써 미소공동위원회의 앞날은 매우 어두울 수밖에 없었다.

미소공동위원회의 제1차 본회의가 1946년 3월 20일부터 5월 6일까지 24회에 걸쳐 개최되었지만, 미소공동위원회가 협의할 대상의 선정에 관해 미국과 소련은 서로 합의를 보지 못했다. '민주적'이라는 용어에 대한 미소 양국의 해석이 달랐기 때문에 미소공동위원회는 결국 결렬되고 말았다. 미국은 '민주적'을 해석함에 있어서 우익을 선호하는 입장을 고집한 반면에, 소련은 모스크바 협정을 반대하는 어떠한 개인이나 정당도 협의의 대상에서 제외되어야 한다는 주장을 굽히지 않았던 것이다. 이에 1946년 5월 8일 미소공동위원회는 무기한 정회에 들어갔다.

소련 측의 수석대표인 스티코프(Terenti F. Stykov) 중장은 덕수궁에서 열린 개회식 연설에서, 장차 민주적인 한국임시정부는 모스크바 협정을 지지하는 모든 민주적인 정당과 사회단체를 망라한 대중 단결의 기초 위에서 수립되어야 한다고 주장했다. 나아가 스티코프는 한반도에 대한 소련의 관심과 이해관계가 상당하기 때문에 한국이 장차 소련을 공격할 수 있는 기지가 되지 않기 위해서 소련에게 '우호적인(friendly)' 국가로서의 민주적인 독립국가가 되기를 기대한다는 점을 강조했다.

스티코프가 말한 '우호적인 국가'라는 것이 소련의 위성국이 되는 것을 의미하는 것인지, 혹은 단순히 한국에 수립될 새 정부가 소련에게 군사적으로 적대하지 않는 정부를 의미하는지 확실하지는 않지만, 어쨌든 소련은 이승만과 김구 등 신탁 통치를 반대하는 인물들에 의해 새 정부가 수립되는 것을 결코 허용하지 않겠다는 점을 분명히 했다.

미소공동위원회는 24회에 걸친 회의에도 불구하고 '협의 대상' 문제와 38도선의 제거 문제 등 어느 것 하나도 해결하지 못하고 결렬되고 말았다. 한반도는 한국민의 의사와는 관계없이 미소 간의 첨예한 의견 대립에 따른 희생물로 여전히 남게 되었다.

이승만의 단독정부 수립론

미소공동위원회는 무기한 정회로 들어가고, 좌우합작운동이 본격적으로 추진되기 직전인 1946년 6월 3일, 이승만은 정읍(井邑)에서 행한 연설에서 남한 단독정부 수립을 위한 자신의 구상을 처음으로 제시했다.

이제 우리는 무기 휴회된 미소공동위원회가 재개될 기색도 보이지 않으며 통일정부를 고대하나 여의케 되지 않으니 우리는 남방(南方)만이라도 임시정부 혹은 위원회 같은 것을 조직해 38 이북에서 소련이 철퇴하도록 세계 공론에 호소하여야 될 것이니 여러분도 결심하여야 될 것이다.

'정읍 발언' 직후 이승만은 우익 진영의 통합 조직인 대한독립촉성국민회와 민족통일총본부의 총재직을 맡고, 미군정의 전폭적인 후원 아래 진행된 좌우합작운동에 대항하면서 자신의 정치적 구상인 단독정부 수립을 실현하기 위한 노력을 본격적으로 추진해 나갔다. 이승만의 '단독정부론'은 혼미한 해방 정국의 주도권을 장악하기 위해 그가 선택한 고도의 정치적 승부수였다는 점도 물론 고려해야 한다.

그러나 소련의 통치 아래 북한의 공산화가 가속화되고 있는 엄연한 현실에서 소련과의 협력을 통해 신탁 통치를 실시한 후 통일정부를 수립한다는 미국의 정책은 결국 한반도 전체의 공산화를 필연적으로 초래할 수 있었다. 따라서 그의 구상은 남한만이라도 민주적인 반공정부의 수립이 시급하고 절실하다는 현실주의적인 국제정치적 감각과 인식의 소산이었다고 평가해야 할 것이다. 따라서 철저한 반공주의자 이승만에게 있어서 '통일 민족국가 건설론'은 민족적 당위론이기는 하지만, 동시에 너무나 관념적이고 이상주의적인 구호에 불과했다.

단독정부의 수립을 위한 이승만의 주장과 노력을 근거로, 그를 한반도의 분단 고착과 민족 분열의 '주범'으로 단정하는 것은 역사적 사실에도 정확하게 부합하지도 않는다. 이승만의 발언이 있기 훨씬 전부터 소련이 북한 지역에 단독정부 수립을 체계적으로 추진해 갔던 사실을 직시한다면, 이승만의 '정읍 발언'을 한반도 분단의 근본적인 원인으로 단정하는 학계 일부의 주장은 설득력이 없는 것이다.

소련이 해체된 후인 1993년 2월 말, 군정 시기뿐만 아니라 한국 현대사의 전개 과정에 엄청난 영향을 끼친 스탈린의 지령이 담긴 문건이 발견되어 언론에 공개되었다.

소련군이 북한을 점령한 직후인 1945년 9월 20일, 스탈린은 연해주 군관구(軍管區)와 제25군 군사평의회에 보낸 전문에서 "북조선에 반일(反日)적인 민주주의 정당 조직의 광범한 연합(블록)을 기초로 한 부르주아 민주주의 정권을 수립할 것"을 명령했다. 스탈린은 북한 지역에 단독정부를 수립하라고 지시한 것이다.

연해주 군관구 사령관이 스탈린의 지령을 북한 지역 점령군 사령관인 치스차코프(Ivan M. Chistiakov) 대장에게 전달한 시점은 1945년 10월 초로 추정된다. 소련군정은 1945년 10월에 조선공산당 북조선분국(北朝鮮分局)과 북조선 5도행정국을 설립했고, 곧이어 1946년 2월에 행정권과 입법권을 가진 사실상의 단독정부나 다름없는 '북조선임시인민위원회'를 창설했다. 이 모두가 이승만이 '단독정부론'을 제기하기 이전의 일이었다.

스탈린의 명령은 한반도의 분단을 고착시키고, 나아가 남북한의 통합과 한민족의 통일을 근본적으로 불가능하게 만드는 방향으로 작동했던 것이다. 이렇듯, 스탈린이 북한에 이미 단독정부를 수립하기로 결정한 이상 소련의 협조를 통해 남북한의 통합과 통일을 달성하려던 미국의 정책과 노력은 현실적으로 성공할 수가 없게 되었다.

이승만과 하지의 갈등

국무부와 미군정 당국은 이승만의 '단독정부론'을 당연히 용납하지 않았으며, 군정은 이승만을 제거하기 위해 좌우합작운동을 적극적으로 추진했다. 이승만과 하지의 관계도 상호불신과 증오의 관계로 더욱 악화되어 갔다. 이승만은 군정의 기피 인물이 되었을 뿐만 아니라 좌우합작운동의 중심권에서 밀려나 정치적 침묵을 강요받게 되었다. 이승만은 '신탁 통치'의 포기와 '단독정부 수립'이라는 자신의 주장을 관철하고, 동시에 자신에게 불리하게 돌아가는 국내의 정치적 상황을 반전시키기 위해 1946년 12월 초 미국을 방문했다.

미국 방문 직전 이승만은 하지를 만나서 '남조선과도입법의원'의 관선의원을 선출하는 것을 포기하라고 요구했다.

이승만과 하지

이에 하지는 이승만의 집권을 허용할 의사가 추호도 없다고 대꾸했다. 이승만은 하지의 많은 잘못을 한국민에게 변호해 왔지만, 앞으로는 공개적으로 반대·비판하겠다고 응수했다. 그러자 하지는 한번 결정된 미국의 정책은 변경되지 않는다고 말하면서, 만약 군정의 정책에 협조하지 않는다면 이승만은 몰락할 수밖에 없을 것이라고 경고했다. 실제로 이승만은 미국에 체류하는 동안 하지를 공개적이고 본격적으로 비판하고 나섰다. 두 사람의 불화가 극에 다다른 것이다.

서울을 떠나 도쿄에 도착한 후 이승만은 기자들과의 회견에서 미·소의 협상을 통한 통일정부 수립은 전혀 불가능하다고 지적했다. 아울러 소련이 점령하고 있는 북한에는 '실질상의 정부'가 이미 수립되었기 때문에 "남한도 그와 같이 되어야 한다"라고 또다시 역설했다. 1946년 12월 8일, 워싱턴에 도착한 후부터 이승만은 단독정부 수립의 정당성을 적극적으로 주장하는 과정에서 군정 최고 책임자인 하지에 대한 강도 높은 비난을 계속했다.

이승만은 하지와 군정 당국이 남한의 좌익과 공산당을 옹호하고 있다고 신랄하게 비난했다. 물론 하지는 이승만의 단독정부 수립안을 저지하기 위해 최선을 다했다. 하지는 이승만을 한국민 전체의 이익보다는 순전히 개인적인 욕심만을 추구하는 인물이며, 자기 노선에 반대하는 사람은 모두 공산주의자로 매도하는 저질의 늙은이라고 간주했다. 그렇기 때문에 하지에게 이승만은 '언제나 꼴도 보기 싫은 인물'이었다. 또한, 하지의 정치담당고문으로 국무부가 파견한 제이콥스(Joseph E. Jacobs)도 이승만을 '정신적으로 비정상적인 바보 같은 늙은이'라고 취급했다. 반면에, 이승만은 하지를 점령군 사령관직에서 몰아내기 위해 비난의 강도를 높여 갔으며, 급기야 하지를 '자신과 미국의 공동의 적'이라고 규탄할 정도였다.

이렇듯, 하지의 눈에는 이승만이 자신의 정치적 욕망만을 앞세우는 과대망상증에 걸린 중환자로 비쳐졌고, 반대로 이승만은 하지를 한국의 조기 독립을 가로막고 있는 최대의 장애물로 여겼던 것이다.

1947년에 들어서면서부터 하지와 군정 당국에 대한 이승만의 비판은 더욱 거세졌다. 1947년 1월 23일, 워싱턴에서 발표된 성명서에서 이승만은 한반도 신탁 통치안을 반대한다고 천명하고 "하지 중장은 좌익에 호의를 가지고 있으며, 남조선 미군정 당국은 조선공산당의 건설과 강화를 위한 노력을 계속해 왔다"라고 주장했다.

또한 며칠 뒤인 1월 27일, 이승만은 올리브 교수를 통해 '한국 문제의 해결 방안'이라는 자신의 구상을 담은 문건을 국무부에 전달했다. 6개항으로 된 이 문건에서 이승만은 남한에 과도정부를 선출해 양분된 한국이 재통일될 때까지 국정을 수행하며, 이 과도정부가 한반도의 점령과 다른 중요한 현안들에 관해 미국과 소련을 상대로 직접 협상하도록 허용되어야 하며, 미·소의 점령군이 동시에 철수할 때까지 미군은 남한에 주둔해야 한다는 점 등을 강조했다. 이승만은 자신의 해결 방안에 대한 국무부의 견해를 전달받고 싶어 했지만, 빈센트 극동국장은 올리브에게 그와 같은 기대를 포기하라고 말했다.

4개월 반에 걸친 미국 체류 기간 동안 그는 미국과 소련의 협상을 통한 통일정부의 수립은 전혀 불가능하며, 북한에는 '사실상의 정부'가 이미 수립되었기 때문에 남한도 그와 같이 되어야 한다는 자신의 주장을 거듭 역설했다. 그러나 국무부는 소련과의 협력을 통한 한국 문제 해결이라는 기존의 기본 방침을 고수했기 때문에 이승만의 주장을 묵살했을 뿐만 아니라 공식적인 반응도 일체 보이지 않았다. 미국이 기피 인물로 간주하고 있는 그에게 공식적인 반응을 보여 주는 것은 결과적으로 남한에서 그의 정치적 위상만을 높여 준다고 판단했기 때문이었다. 결국 이승만은 1947년 4월 21일 서울로 돌아왔다.

1946년 5월 8일, 미소공동위원회가 무기한 정회에 들어감에 따라 남한 정치계에는 다음과 같은 세 갈래 현상이 나타났다.

① 대한민국임시정부 추대를 위해 노력했던 일부 우익 세력이 반소, 반공(反共) 선전활동을 더욱 강화해 가는 한편으로, 이승만의 정읍 발언 이후 노골화되었던 남한만의 단독정부 수립운동

② 워싱턴의 지시에 따라 군정 당국이 좌우합작을 권유함으로써 전개된 통일전선 세력의 민족국가 건설운동

③ 좌우합작에 반대한 조선공산당을 비롯한 극좌 세력의 반미운동과 폭력혁명 노선 추구

트루먼 행정부와 군정 당국도 미소공동위원회의 결렬을 다각도로 분석했다. 하지는 한국민의 '유일하고도 공통적인 생각'은 독립뿐이라고 믿었기 때문에 신탁 통치 실시는 현실적으로 불가능하다고 판단했다. 1946년 5월 10일, 하지는 미국 정부가 한국민에게 신탁 통치를 강행할 의사가 있음을 보여 주는 어떠한 행위도 공개적으로 해서는 안 된다고 국무성에 또다시 건의했다.

궁극적으로 하지는 한국에 임시정부가 수립된 후 '가능한 가장 빠른 시일 안으로' 미국과 소련의 점령군은 동시에 철수해야 한다고 생각했다. 미·소 양국에 의한 한반도 점령이 계속되는 한 통일정부가 효율적으로 운영될 수 없다고 그는 믿었기 때문이었다. 하지는 동시 철군이 늦어도 1947년 1월

1일 전에 완전히 완료되어야 한다고 판단하고 있었다. 그렇게 하는 것이 한국에서 미국의 임무를 성공적으로 완수할 수 있는 유일한 길이라고 하지는 믿었다. 그러나 국무부는 모스크바 협정의 테두리 안에서 외국의 간섭과 통제를 받지 않는 자주 독립 국가를 한반도에 수립하는 것이 미국의 기본적인 정책임을 계속 고수했다.

좌우합작운동

국무부는 1946년 6월 초에 채택된 새로운 정책 지침에서 한국에서 미국의 목적을 달성하고 나아가 극동 지역과 전반적인 이해의 증진을 도모하기 위해 소련과의 '우호적인 합의'를 도출하는 것이 중요하다고 지적했다. 그리고 이 지침은 미국의 정책에 대한 한국민의 지지를 획득하기 위한 노력을 계속하는 동시에 소련과의 합의를 도출하기 위한 여건을 넓히는 것이 필요하다고 강조했다. 또한 하지에게 남한 통치에 '모든 정치단체들'을 골고루 참여시키고, 우익이 지배하는 민주의원과는 달리 소련이 용납할 수 있는 새로운 한국의 지도층을 선출하기 위한 선거를 실시하도록 촉구했다. 뿐만 아니라 이 지침은 한국에 대한 미국의 정책목표를 달성하기 위해 극우적인 인물인 이승만과 김구 등을 잠정적으로 정계에서 은퇴시킬 것을 권고하기도 했다. 실제로 전에도 국무부는 임시정부에 좌익과 우익의 '비협조적인 극단주의자들'이 참여하지 못하도록 조치할 것을 여러 차례 하지에게 지시하기도 했었다.

하지와 군정 당국은 국무부의 지시에 따라 극좌와 극우를 제외한 좌우익의 온건한 중도 세력이 중심이 된 정치적 통합을 이룩하기 위한 노력을 전개했다. 미소공동위원회의 결렬도 군정 당국으로 하여금 극우 세력과 극좌 세력 모두 한국에 민주주의 정부의 수립에 커다란 장애물임을 인식하게 만들었다. 하지는 군정의 정치 분석관 임무를 맡고 있는 버치(Leonard M. Bertsch)를 중재자로 내세워 좌우익의 온건 중도 세력에 의한 좌우합작을 실현하기 위해 노력했다. 군정의 최고 책임자인 하지의 적극적인 지원을 받은 좌우합작위원회는 김규식과 여운형을 공동의장으로 하고 좌우익 인사 5명씩으로 구성되었다.

하지와 군정 당국은 좌우합작운동이 극좌와 극우의 극단적인 입장을 순화시키는 데 도움이 되기를 기대했고, 특히 좌우합작파는 미소공동위원회가 성공할 수 있으며, 나아가 좌우합작에 의한 연립정부의 탄생을 가능케 하는 범민족적 합의의 도출이 중요하다고 인식했다. 좌우합작을 통해 한민족의 분열이라는 비극을 막아야 한다는 명분으로 얼마동안

합작운동은 많은 국민의 지지를 받기도 했다.

그러나 군정 당국의 적극적인 후원에도 불구하고 대다수 한국민들에게 합작운동은 미온적이고 설득력이 없는 처사처럼 보였다. 극우 세력과 극좌 세력, 특히 '남조선 민주주의 민족전선'의 조직적인 저항과 당시 가장 중요한 문제였던 신탁 통치 문제에 대한 합작추진위원회의 불분명하고 관망적인 태도 때문이었다. 하지와 군정 당국이 한국 정치가들 중에서 가장 높이 평가하고 기대했던 김규식이었지만 그 역시 역부족이었다.

어쨌든, 우여곡절 끝에 합작위원회는 좌우 양파의 주장을 절충한 타협안을 마련했다. 1946년 10월 7일에 발표된 좌우합작 7대 원칙의 중요한 내용은 다음과 같다.

① 모스크바 협정에 따라 남북한을 통한 좌우합작에 따른 민주주의 임시정부 수립
② 미소공동위원회의 재개(再開) 요청
③ 토지개혁을 통해 농민에게 토지를 무상분배
④ 친일파와 민족반역자들의 처리에 대한 조례를 좌우합작위원회가 장차 구성될 입법기구에 제안
⑤ 남북한 전 지역에서 언론, 출판, 집회, 결사, 교통, 투표 등의 자유보장

⑥ 앞으로 설치될 입법기관의 권한과 기능에 대한 기초 작업

⑦ 검거된 정치범들의 석방과 좌우익의 테러 행위를 즉시 중단하도록 노력

7대 원칙을 둘러싸고 좌익과 우익 진영의 내부에서 분열이 발생했다. 박헌영은 합작파의 좌익 측 인물들을 기회주의자들이라고 비난했다. 그러면서 그는 좌우합작이 미군정 당국이 그들의 실책을 만회해 보려는 책략이며, 반동 진영이 상실한 대중적 기초를 탈환하려는 음모라고 신랄히 공격했다. 이로써 극좌파와 온건좌파 사이의 분열은 피할 수 없게 되었다.

우익 진영에서도 비슷한 상황이 발생했다. 이승만과 김구가 각각 회장과 부회장을 맡은 비상국민회의(非常國民會議)는 7대 원칙에 대해 거부하는 입장을 표명했고, 한민당은 토지개혁의 내용을 강력히 반대했다. 아울러 이승만은 "당분간 침묵을 지키겠다"라고 말했으며, 김구가 이끄는 한국독립당(한독당)은 신탁 통치의 부인이라는 전제 아래서 지지한다는 입장을 밝혔다. 그러나 좌우합작운동에 대한 이승만의 강력한 반대와 극좌의 지도급 인물들이 대거 체포당한 후 대구를 비롯한 남한 지역에서 발생한 '10월 폭동'으로 인해

7대 원칙이 실현되기가 사실상 불가능했다. 게다가 1947년 7월 19일, 여운형이 암살당함으로써 좌우합작운동은 난관에 부딪히게 되었고, 마침내 좌우합작위원회는 10월에 해체되고 말았다.

어쨌든, 7대 원칙의 발표로 하지는 1946년 6월에 작성된 국무부의 '한국 정책' 지침서가 제시한 '남조선과도입법의원'의 구성을 1946년 10월 13일에 발표할 수 있었다. 이 지침서에서 하지는 군정 당국에 "한국민의 참여의 폭을 넓히는 데에 도움이 되고, 또한 한국의 조속한 독립을 달성하는 데에 도움이 되며, 나아가 앞으로 있을 소련과의 협상에서 미국의 입장을 강화하는 데에 도움이 될 과도적인 입법기관의 구성을 위한 총선거의 실시"를 요구했다.

'민주의원'의 역할을 대신할 '입법의원'은 90명으로 구성되었는데, 그중에서 45명은 좌우합작위원회의 추천을 받아 군정의 최고 책임자인 하지가 임명하고, 나머지 45명은 선거에 의해 선출하게 되어 있었다. 따라서 입법의원 선거는 민주주의적인 선거 방식과는 거리가 먼 것이었다. 이 입법의원은 재정 문제를 제외하고는 광범위하게 법률을 제정할 수 있는 권한을 부여받고 있었으나, 모든 법률은 하지의 최종적인 승인을 받아야만 했다.

선거는 1946년 10월 하순에 실시되었다. 좌익 진영은 선거일이 너무나 촉박하기 때문에 지방에 있는 그들의 조직이 선거운동을 할 준비가 충분하지 못하다는 점, 그들의 간부들이 경찰에 의해 감금당하고 있다는 점, 또 많은 지역이 "질서 있는 선거를 치르기에는 너무나 혼란스러운" 상태라는 점을 근거로 선거 실시를 연기해야 한다고 주장했다.

실제로 1946년 9월 초순에 군정 당국은 3개의 좌익 계열 신문을 정간(停刊)시켰고, 공산당 간부들을 체포했으며, 그 후 남한 지역에서 대규모의 파업 등 사회적 소요가 계속되었다. 그 와중에 수천 명의 공산당원이 체포되었고, 좌익의 활동이 제약되고 세력이 약화된 1946년 10월 말에 선거가 실시되었던 것이다. 좌익의 항의에도 불구하고 군정 당국은 입법의원의 구성이 '매우 긴급히 요구'되고 있다는 명분을 내세워 선거 연기 요구를 묵살했다.

많은 사람들이 예상했던 대로, 선거 결과 이승만과 김구 계열의 우익 인물들이 대거 당선되어 입법의원을 장악하게 되었다. 45명의 민선의원 중에서 2명의 제주도 출신 좌익 인물을 제외하고는 "모두가 적극적인 우익 인물들"이었다. 그나마 2명도 서울에 도착해서 '갑자기 실종'되었기 때문에 공석이 된 자리는 우익 인물로 채워졌다. 상황이 이렇게 되자, 하지는 좌우합작위원회가 추천한 중도파나 온건좌파에 속하는 인물들을 관선의원으로 임명함으로써 좌익 측에 보상하기도 했다. 당시 여운형과 사회노동당의 장건상(張建相)은 관선의원으로 임명되었으나 수락하지 않았다.

결국 입법의원은 우익이 장악하게 되었다. 입법의원은 1946년 12월 12일 개원을 하고, 김규식을 의장으로 선출했다. 입법의원은 미국의 의도대로 구성되었지만, 좌우합작을 통해 연립정치의 정착과, 또 이를 통해 앞으로 있을 소련과의 협상에서 미국의 입장을 강화한다는 애당초의 목적을 달성하는 데에는 실패했다.

강력한 중도파를 형성해 극우와 극좌 세력을 제거하고자 했던 미국의 의도가 수포로 돌아가자, 1947년 1월 하순 하지는 다음과 같이 결론을 내렸다.

미소공동위원회가 성공적으로 다시 개최되거나, 혹은 앞으로 2개월 이내에 한국 문제에 대해 어떤 적극적인 조치가 취해지지 않는 한, 우리는 한국에서 우리의 공언된 임무를 달성할 수 있는 기회를 상실하게 될지도 모르며, 나아가 한국민으로부터 신뢰도 잃게 될 것이다.

1947년으로 접어들면서, 트루먼 행정부는 하지를 비롯한 군정의 건의와 군정 초기부터 남한 주둔 미 점령군의 조기 철수를 강력하게 주장해 온 육군부의 견해를 수용하기로 결정했다. 미국은 소련과의 협력을 통해 한반도에 민주적인 통일정부를 수립하겠다는 지금까지의 방침을 점진적으로 포기하고, 한국 문제를 국제연합에 이양해 남한으로부터 '명예롭게(gracefully)' 철수할 수 있는 방안을 모색하기 시작했다. 이는 지금까지 좌우익 사이의 이념적·정치적 갈등과 투쟁의 근본 요인이었던 '한반도 신탁 통치안'을 마침내 미국이 현실적으로 포기한다는 것을 의미했다.

한국 문제의 국제연합 이양과 대한민국 정부 수립

미국 국무부는 한국 문제의 해결을 위해 소련과의 협력이 중요하다는 점을 계속 주장했지만, 육군부는 모스크바 협정의 이행이 현실적으로 거의 불가능하다고 판단하고 있었다. 하지의 직속상관인 맥아더도 1947년 1월 하순 번즈의 후임으로 새로 임명된 마셜(George C. Marshall) 국무장관에게 보낸 전문에서 미·소 간의 교착 상태를 타개하기 위한 네 가지 방안을 제시했다.

① 한국 문제를 국제연합에 이양
② 현재의 한국 상황을 철저하게 분석하기 위해 중립적인

국가가 포함된 새로운 공동위원회(Joint Commission)의 설치를 미국이 제안

③ 모스크바 협정의 한국 조항을 분명하게 하기 위해 미국, 소련, 영국 그리고 중국이 함께 참석해 다시 논의

④ 한반도에 통일된 정부를 수립하는 일에 걸림돌이 되는 요소들을 제거하기 위해 미·소 간 최고위 회담을 개최할 것

그러나 하지의 건의와 마찬가지로, 맥아더의 제안도 '비현실적'이라는 이유로 국무부는 냉담한 반응을 보였다.

한국 정책을 둘러싸고 트루먼 행정부 내부의 의견이 일치되지 못했기 때문에 마셜과 패터슨(Robert P. Patterson) 육군장관은 1947년 2월 초 한국 문제를 전담할 특별기구(special inter-departmental committee on Korea)를 설치하는 데 합의했다.

2월 하순 특별위원회는 마셜과 패터슨에게 제출한 보고서에서 만약 미국이 모스크바 협정의 이행을 전제로 한 지금의 '비효율적인' 정책을 계속 고집한다면, 한국에 대한 미국의 정책은 조만간 지지를 상실하게 될 것이라고 결론을 내렸다. 또한 이 보고서는 이승만의 주장대로, 남한만의 즉각적인 독립을 승인하면 남한에서는 기아와 심각한 경제적 혼란이 발생할 뿐만 아니라 필연코 소련의 지배하에 들어가게 될 것이라고 지적했다. 나아가 소련의 한반도 지배는 극

동 지역은 물론이고 전 세계에 대한 미국의 '위신과 영향력의 상실'을 의미한다는 점을 강조했다. 한국 문제의 국제연합 이양이 최후의 방법으로서는 바람직할지 몰라도, 지금 그렇게 할 경우 미국의 한국 정책이 실패했음을 자인하는 일일 뿐만 아니라 미국의 국가 위신이 손상되기 때문에 '불만족스러운' 방안이라는 견해를 피력했다.

특별위원회는 미·소 간 정부 대 정부 차원의 논의를 재개할 것과 남한의 정치·경제·문화적 발전을 위한 '적극적이고도 장기적인 계획'을 수립하기 위해 의회에서의 특별입법을 제정할 것을 건의했다. 마지막으로 이 보고서는 소련의 동시철군 제의에 대해 "만약 한국의 정치·영토적 보전(保全)이 보장될 수 있다면 미국은 그 제의를 '원칙적으로' 받아들여야 한다"라고 지적했다.

이에 대해 국무부와 육군부의 반응은 서로 달랐다. 국무부는 기존의 입장을 고수했고, 육군부는 미국의 위신을 크게 손상시키지 않는 범위 안에서 남한으로부터 '명예롭게' 철수하는 방안을 모색해야 한다는 것이었다. 한편, 특별위원회와의 협의를 위해 1947년 2월 중순 워싱턴으로 소환된 하지는 트루먼 대통령과의 회동과 상원 군사위원회에서의 증언, 육군부 고위 관리들과의 회의에서 "미국이 철수하면 소련과 북한은 남한을 지배하게 될 것이며, 한국 문제는 계속적인 군사적 점령을 통해서가 아니라 미·소 간의 협상으로 해결해야 한다"라고 강조했다.

1947년 3월 3일, 육군부의 고위 관리들과 가진 회의에서 하지는 "미국이 한국민을 제대로 상대하고자 한다면, 단순히 '말뿐인 호의(lip service)'가 아니라 한국의 독립에 관한 미국의 약속을 한국민이 믿을 수 있도록 어떤 적극적인 조치들이 취해져야 한다"라고 주장했다. 또 미군의 철수가 초래할 영향에 대한 질문을 받자, 하지는 "소련이 한반도 전체를 지배하게 될 뿐만 아니라 '처참한 내란 상태(a good civil war, a lot of blood)'가 발생할 것"이라고 답변했다. 나아가 하지는 "만약 어떠한 압력에 의해 미군의 철수가 이루어진다면, 미국은 장차 한국인뿐만 아니라 동양인 전체에 대해 고개를 들 수가 없을 것"이라고 말했다.

육군부와 마찬가지로 하지도 한반도는 군사전략적 가치가 거의 없다고 믿고 있었지만, 미군 철수라는 문제는 미국의 대외적인 신뢰도와 연결된다는 점을 깊게 인식하고 있었다. 하지의 지적은 곧 '철수'와 '신뢰성'이라는 어려운 선택의 갈림길에 서 있는 트루먼 행정부의 고민을 그대로 반영하는 것이기도 했다. 군사전략적인 관점에서 볼 때 일본이 한국보다 훨씬 중요하기 때문에, 일본에 주둔하는 미군을 철수한다면 미군의 남한 주둔은 의미가 없다고 하지는 믿었다.

그러나 하지는, "만약 미국이 아시아 민주주의의 발전을 예의 주시할 강한 의지가 있다면,"이라는 말로 남한만의 단독정부 수립의 필요성을 인정하기도 했다. 이는 미국이 기존의 공식적인 한국 정책을 포기하는 것을 의미한다.

5년 만에 이루어진 본국 방문을 통해 하지는 군정의 책임자로서 자신의 임무를 성공적으로 완수하는 것이 현실적으로 거의 불가능하다는 것을 분명히 확인하게 되었다. 1947년 8월 하순, 남한의 현지 사정을 조사하기 위해 서울에 왔던 위드마이어(Albert C. Wedemeyer) 장군과 그 일행에게 하지는 다음과 같이 말했다.

워싱턴에 체류하고 있는 동안 나는 의회뿐만 아니라 국무부 일원에서도 미국이 한국으로부터 빠져나와야 한다고 생각한다는 것을 알았다. 많은 미국인들은 한국으로부터 미군 철수를 원하고 있었다.

트루먼 선언과 미국의 한국 정책 수정

한국 정책에 대한 본격적인 재검토는 그리스와 터키 사태로 말미암아 미국의 유럽 정책이 새로운 국면을 맞게 되었던 시점에 이루어졌다. 1947년 3월 12일, 의회에서 행한 유명한

'트루먼 독트린(Truman Doctrine)' 연설에서, 트루먼은 공산주의 세력의 확산을 적극적으로 봉쇄하겠다는 미국의 강한 의지를 표명했다. '트루먼 독트린'이 발표되자 철저한 반공주의자인 이승만은 자신의 정치적 입지가 강화될 것으로 믿고 한층 고무되었다. 3월 13일, 이승만은 트루먼에게 보낸 편지에서 "당신은 자유를 사랑하는 전 세계의 모든 사람들에게 새로운 희망을 안겨 주었다"라고 전제하고, "남한의 군정 당국이 당신의 정책을 따르도록 그리고 민족주의자들과 공산주의자들 사이의 연합과 협력을 추구하는 남한 군정 당국이 그 노력을 포기하는 지시를 내려 줄 것"을 요청했다.

또한 이승만은 남한에 '과도(過渡)적인 독립정부'를 즉각 수립하는 것이 공산주의의 팽창을 막는 '방파제'가 될 것이며, 나아가 남북한 통일을 실현시켜 줄 것이라는 자신의 주장을 되풀이했다. 물론 백악관과 국무부는 이승만의 요청을 무시하고 답신도 보내지 않았다. 귀국 직전인 1947년 3월 하순, 미국 언론이 이승만의 말을 이용해 앞으로 30~60일 이내에 남한에 과도정부가 수립되어 군정을 인계할 것이라고 보도하자 국무부는 사실무근이라고 부인했다.

서울로 돌아온 이승만은 한국민을 상대로 자신의 방미외교 성과를 과시해 나갔다. 1947년 4월 27일, 서울운동장에서 열린 귀국환영대회에서 이승만은 미국의 한국 정책이 수정되었다고 주장하면서 다음과 같이 역설했다.

남한에서 총선거가 지연되고 미군정이 실패한 것은 하지 중장이 공산파와 합작을 고집하였기 때문이다. 나는 좌우합작의 성공을 믿지 않았다. 그러나 현재 미국 정책이 공산주의와의 합작을 단념하였으므로 캄캄했던 우리의 길이 열렸다. 우리 동포는 한데 뭉쳐 임시입법의원으로 하여금 총선거법안을 급속히 제정케 해 남북통일을 위한 남한 과도 정권을 수립하여야 한다. 그리고 이를 국제연합에 참가시킴으로써 우리는 자유로운 입장에서 소련과 절충해 남북통일을 꾀하지 않으면 안 된다. 그리고 미국 정책의 전환에 따라 우리가 미군정과 합작해서 우리 문제를 해결할 수 있게 되었으니, 이제 우리는 대한민국임시정부의 법통을 고집할 필요가 없으며 이 문제는 보류해야 할 것이다.

한편, 1947년 3월 말에 작성된 한국문제담당 특별위원회의 보고서는 트루먼 독트린의 정신을 반영하고 있었다. 즉, 독일을 비롯한 다른 중요한 지역에서 소련의 입지가 강화되지 않도록 하기 위해서라도 한국에서 소련의 팽창을 억제시키는 것이 중요하다고 지적했다. 그러나 육군부의 주장은 달랐다. 트루먼 독트린이 한국 상황에까지 확대 적용되어서는 안 된다는 것이었다.

1947년 4월 4일, 패터슨 육군장관은 애치슨 국무차관에게 보낸 편지에서 "미국이 한국으로부터 빠져나오기 위한 일련의 조치들을 강력하게 추진해야 한다고 믿으며, 모든 조치들은 조기 철수라는 목적을 달성할 수 있도록 그 초점이 맞추어져야 한다"라고 주장했다. 패터슨은 조기 철수가 일본과 아시아에서 미국의 이익에 어떤 부정적인 영향이 있을지도 모른다는 점을 인식하고는 있었다. 그러나 계속적인 한국 점령은 미국의 입장이 매우 어려워지는 상황 속에서 철수를 단행할 수밖에 없는 국제적인 상황이 초래될 수도 있다는 점을 더욱 우려하고 있었다. 그래서 패터슨은 한국 문제를 국제연합에 이양하거나, 그렇지 않으면 남한에 단독정부를 수립하는 것이 미국이 한국에서 '명예롭게' 퇴진할 수 있는 좋은 대안(代案)이라고 말했다. 어쨌든 육군부의 확고한 주장은 시기를 놓치지 않고, 가능한 한 빨리 한국으로부터 철수해야 한다는 것이었다.

결국 트루먼 행정부는 '대외적인 신뢰성'과 '군사적인 가치'라는 두 개의 원칙 가운데 하나를 선택해야만 하는 현실적인 필요성이 점점 높아만 갔다. 이런 상황 속에서 트루먼 행정부는 국내의 사정, 특히 의회의 분위기가 철군 쪽으로 기울고 있는 사실과 미소공동위원회의 협상 성과가 별로 없었기 때문에 국무부가 아닌 육군부(국방부)의 주장을 채택하게 되었다.

이승만과 하지의 불화 심화

1947년 5월 21일부터 제2차 미소공동위원회가 재개되었지만, 미·소 간 타협의 여지는 거의 없었기 때문에 아무런 성과도 보지 못했다. 미소공동위원회가 재개된 이래로 남한에서는 파업과 테러로 인한 정치적 불안이 고조되고 있었다. 이승만과 반탁주의자들은 미소공동위원회와 협력하는 것을 계속 거부했을 뿐만 아니라, 나아가 이승만은 하지와 군정 당국을 강도 높게 비판했다. 이승만은 "하지의 '유일한 정책'은 공산주의자들의 협력을 얻는 데 있다"라고 주장하면서, "하지의 독단적인 정책은 미국의 공식적인 정책을 무시하는 것"이라고 맹렬히 비난하고 나섰다. 나아가 이승만은 힐드링 국무차관보와 맥아더가 임시정부 수립을 위한 총선거 실시를 자신에게 약속했다고 주장하기도 했다. 1947년 7월 3일에는 남한에 단독정부 수립을 위한 자신의 계획을 실천에 옮기겠다고 공개적으로 선언했다. 이승만의 공개적인 비난이 위험 수위를 넘는다고 판단한 하지는 우익 진영이 주도하는 총파업이 개시되기 직전인 1947년 6월 28일, 이승만에게 다음과 같은 경고성 서한을 보냈다.

나는 당신의 정치 조직 내부로부터 나온 정보를 갖고 있는데, 그 내용은 당신과 김구가 미소공동위원회의 활동에 대한 항의의 수단으로 조만간 테러 행위와 한국 경제의 교란을 획책하고 있다는 것이다. 정보 제공자들은 그러한 활동 중에 몇 차례에 걸친 정치적 암살 계획도 포함되어 있다고 강조한다.

자신에 대한 하지의 정치적 위협의 정도가 심각하다고 판단한 이승만은 강력한 역공으로 나왔다. 1947년 7월 7일, 이승만은 하지의 사신(私信)을 공개하면서 이렇게 주장하고 나섰다.

김구와 나 자신이 테러와 암살을 위한 음모에 연루되어 있다는 당신(하지)의 6월 28일자 편지는 "한국민과 그들의 지도자

이승만의 소개로 김구와 하지의 면담

들을 당신(하지)은 결코 이해할 수 없을 것"이라는 우리들의 우려를 또다시 확인시켜 주고 있다. …… 만약 내가 죄를 지었다면 마땅히 처벌 받아야만 할 것이다. 만약 그렇지 않으면 누군가는 나에 대한 엄청난 거짓 혐의를 씌운 사실에 대해 처벌을 받아야만 한다.

이승만은 그 누구보다 하지를 가장 증오했는데, 그 이유는 대통령이 되겠다는 자신의 야망을 가로막는 최대의 장애물이라고 생각했기 때문이었다. 이승만은 하지를 제거하겠다는 자신의 결의를 사석이든 공개석상이든 기회 있을 때마다 강력하게 피력했다. 이승만과 하지의 불화는 군정이 종식될 때까지 더욱 악화되어 갔다.

군정 기간에 하지에게 있어 이승만과 김구는 그 누구보다도 가장 골치 아픈 존재들이었다. 그들의 행동이 너무나 극단적이었기 때문에 오히려 공산주의 운동을 도와주었던 측면도 있었으나, 전반적으로 볼 때 그들은 공산주의의 확산을 막는 방파제의 역할을 담당한 점도 하지는 인정했다. 또한 하지는 비록 '슬픈 일'이기는 하지만, 유능한 한국인 대부분이 우익에 속해 있다는 사실도 인정하고 있었다.

그러나 하지는 이승만이 그 누구보다도 자신을 가장 증오해 왔음을 잘 알고 있었다. 1947년 9월 하순, 남한의 현지 사정을 파악하기 위해 서울에 왔던 드레이퍼(William H. Draper) 육군차관에게 하지는 다음과 같이 말했다.

이승만은 남한에 수립될 정부나 혹은 남북한 통일정부 수반(대통령)이 될 수 있는 길을 내가 가로막아 왔다고 생각하고 있기 때문에 아마도 지금 어떤 한국인보다도, 미국인보다도, 혹은 러시아인보다도 철저히 나를 미워하고 있다.

이러한 이유로 하지는 "이승만이 자신을 '친공주의자(a pro-communist)'라고 몰아세웠고, 또 그러한 비방과 모략의 허구를 자신이 워싱턴의 고위 당국자들에게 해명하는 데에도 지쳤기 때문에, 나를 정말로 도와주든지(so help me!) 아니면 군정의 책임자를 이승만이 싫어하지 않는 인물로 교체하는 것도 하나의 좋은 방법이 될 것"이라는 점을 드레이퍼에게 제시하기도 했다.

하지에 대한 이승만의 비난 강도가 높아감에도 불구하고 본국 정부로부터 공식적인 반박이 없었기 때문에 하지는 미국의 정책을 자신이 '충실히' 이행하고 있다는 내용의 성명서를 국무부가 발표해 줄 것을 요청했다. 또한 1947년 7월 7일 힐드링에게 보낸 편지에서도, 하지는 이승만의 주장을 반박하지 않은 채로 내버려 두면 한국민은 그러한 허구적인 주장을 그대로 믿게 될 것이라고 지적했다. 하지는 또 미국에서 활동하고 있는 이승만의 추종자들을 국무부가 상대해 주지 말 것을 아울러 건의하기도 했다.

그러나 국무부는 하지의 요청을 거부했다. 그것은 하지에게 커다란 실망과 동시에 엄청난 좌절감을 안겨다 주었다. 1947년 7월 14일 힐드링이 하지에게 보낸 답신에서, "국무부의 반박 성명은 오히려 이승만이라는 존재를 부각하게 만들 것이며, 그의 행동에 불필요한 권위를 부여하는 결과가 될 것이며, 남한의 정치적 불안을 강조하는 것이 되며, 나아가 궁극적으로 소련만을 이롭게 하는 꼴이 될 것"이라는 점을 지적했다. 그래도 하지는 군정의 최고 책임자로서 직책을 충실히 수행하고 있다는 사실과 자신을 완전히 신임하고 지지한다는 본국 정부의 공개적인 견해 표명이 현실적으로 매우 효과적이라는 믿음에는 변화가 없었다.

안타깝게도 국무부는 더 이상 아무런 반응을 보이지 않았다. 하지는 '고위층의 조그마한 도움'조차도 받지 못한다는 자신의 외로운 처지를 생각하면서 심한 좌절감을 느끼지 않을 수 없었다. 그는 위드마이어 조사단에게 자신의 심경을 이렇게 토로했다.

나는 만약 우리가 그것(국무부의 지지 성명)을 제때에 받았으면, 우리는 한국의 극우 세력과 미소공동위원회와의 협의 대상인 정당들을 다루는 문제에서 지금보다는 강력한 입장에 놓여 있을 것으로 생각했다. 그리고 지금도 같은 생각을 갖고 있다.

한국 문제의 국제연합 이양 결정

7월 하순 트루먼 행정부는 한국 문제를 국제연합에 이양하기로 결정함으로써 한반도로부터 '명예롭게' 퇴진할 수 있는 길을 마련했다. 그와 같은 결정을 최종적으로 하게 된 데에는 조기 철수를 시종일관 주장해 온 군부가 결정적인 역할을 했다. '한국 문제를 국제연합의 문제로 만든' 이 결정은 곤경에 처할 경우 빠져나오기 위한 미국의 계산된 의도가 반영된 것이었다고 말할 수 있다. 또한 이 결정은 한국에 대한 신탁 통치 원칙을 미국이 현실적으로 포기함을 의미하는 것이기도 했던 것이다.

이러한 미국의 정책 변화와 관련해 한 가지 흥미로운 사실이 있다. 트루먼 행정부의 중국 정책 결정에는 궁극적으로 국방부보다는 국무부의 주장이 수용된 반면에, 한국 정책의 수정 배경에는 국무부보다는 국방부의 주장이 훨씬 더 많은 영향력을 미쳤다는 점이다. 군정이 시작된 이래 국방부와 군부의 일관된 주장은 "한국으로부터 빠져나오자(Let's get out of Korea)"는 것이었다.

처음부터 원했던 것도 아니었고, 또한 자신의 성격에도 맞지 않았던 군인 정치가로서 낯선 땅 남한을 통치하면서 실감해야만 했던 하지의 고민과 좌절감은 실로 컸다. 그는 위드마이어 장군과 드레이퍼 육군차관에게 자신의 심경을 숨김없이 털어놓았다. 하지는 만약 본국 정부가 자신을 계속 유임시킬 의도가 없으면 하루 빨리 퇴진시키고 완전한 신임을 받는 인물로 교체하는 것이 바람직하다고 건의했다. 또 그는 워싱턴과 서울의 군정 당국 사이의 협조가 원활하지 못했기 때문에 자신의 좌절감은 더욱 깊어 갔다고 지적하고, 자신이 본국 정부의 지지를 충분히 받지 못했다는 사실을 매우 슬프게 생각한다고 말했다.

한국의 정치 상황과 관련해 하지는 "이승만과 김구 등 극우 세력이 비록 그 누구보다도 현지에서 우리들의 노력을 가장 격렬하게 방해해 왔지만 장차 활용 가치가 많기 때문에 미국은 그들을 우호적으로 상대할 필요성이 있다"라는 점도 지적했다. 그 이유로, 그는 이승만과 김구가 이미 현실적으로 상당한 정치적 영향력을 행사하고 있을 뿐만 아니라 그들이 공산주의를 저지하는 '보루(bulwark)'가 될 수 있다는 점을 상기시켰다.

이러한 이유로, 하지는 부정한 방법에 의한 정치 자금 조성과 미국인 추종자들과의 뒷거래 그리고 테러와 관련 있는 정보를 많이 갖고 있었기 때문에 이승만을 체포하려고 여러 차례 결심했지만 번번이 마지막 순간에 포기할 수밖에 없었다. 소련의 영향력 아래 있는 북한과의 대결 구도에서 철저한 반소·반공주의자인 이승만을 제외하고는 현실적으로 다른 대안이 별로 없다는 사실을 하지는 인정해야만 했다. 물론 트루먼 행정부의 판단도 하지와 비슷했다.

미국의 한국 정책과 관련해 하지가 지닌 견해는 이러했다. 만약 미국이 남한에 계속 머물기로 작정한다면 '실질적인 지원'과 '엄청난 재정 지원'이 필요하지만, 그렇지 않을 경우에는 미국의 체면과 위신이 훼손되지 않는 범위 안에서 '가능한 한 빨리' 철수하는 것이 바람직하다는 것이었다. 그런데 만약 미국이 어떤 적극적인 조치를 취하지 않는 채로 계속 머문다면, 궁극적으로 남한과 북한 사이에 처절한 내란은 불가피하다는 것이었다. 요약하면, 하지는 미국이 '진정한 민주주의와 건전한 경제의 표본'으로 남한을 건설하기 위한 노력을 경주하든지, 그렇지 않으면 하루 속히 한국을 떠나든지 둘 중 하나를 선택해야 한다고 생각하고 있었다. 하지는 개인적으로, 미국의 기약 없는 남한 주둔은 '엄청난 대가'를 지불해야 되기 때문에 철군을 선호했다.

하지 역시 한국이 소련의 위성국으로 전락되는 것을 결코 원하지 않았다. 그렇지만 그 역시 국방부와 합참의 견해와 마찬가지로 한반도가 지닌 군사전략적인 가치가 거의 없다고 인식했기 때문에 미군의 철수는 정당화될 수 있다고 믿었다.

이렇게 볼 때 커밍스(Bruce Cumings) 시카고 대학 교수를 비롯한 일부 한국 현대사 연구자들이 하지를 냉전 초기의 '조숙한 냉전주의자'로 규정하고 있는 것은 (하지의 본심과 견해를 심각하게 왜곡했기 때문에) 잘못된 것이다. 오히려 하지는 한국민과 더불어 국제 신탁 통치에 기초한 미국의 비현실적인 한국 정책이 몰고 간 '희생물'이었다고 이해하는 것이 보다 정확하고 타당할 것이다.

어쨌든 트루먼 행정부의 '한국 문제의 국제연합 이관 결정'은 한국에 대한 미국의 공약을 포기하지 않는 것처럼 보이게 하면서도 실질적으로는 퇴진할 수 있는 길을 제공해 주었다. 뿐만 아니라 그러한 결정은 미국의 일방적인 조치가 아닌 국제연합이라는 국제기구를 통해 이승만이 요구하는 단독정부의 수립을 추진할 수 있는 장점도 내포하고 있었다. 국제연합이 개입하고 후원함으로써 남한 정부의 정통성을 확보할 수 있다는 계산도 포함되었다.

국제연합의 한국 문제 개입

국제연합이 한국 문제를 의제로 채택하고 난 직후인 1947년 9월 26일, 미소공동위원회의 소련 측 수석대표인 스티코프는 미·소 양국의 점령군을 1948년 초까지 동시에 철수하자는 새로운 제안을 발표했다. 스티코프는 "한국의 독립은 모든 외국 군대가 함께 철수해야만 달성될 수 있다"라고 주장했다. 소련의 제의는 한국에 대한 신탁 통치를 더 이상 고집하지 않겠다는 의사도 내포되어 있었다. 그러나 보다 중요한 목적은 국제연합이 한국 문제에 대한 어떠한 결정도 내리지 못하게 만드는 동시에 과다한 해외 주둔 경비 지출에 반대하고 있는 미국 국민과 의회로 하여금 미·소 양군의 동시 철수를 지지하게 만드는 데 있었다.

미국의 한반도 정책이 미국의 세계 정책 틀 속에서 결정되어야 한다고 믿고 있었던 하지도 소련의 제안으로 인해 미국이 남한에 계속해서 군대를 주둔하는 것이 매우 어렵게 될 것이라는 점을 합동참모본부에 보고했다. 군사전략적 관점에서 볼 때 한반도는 거의 가치가 없다고 판단했던 합동참모본부의 견해에 동의했던 하지는 미국 연방 하원의원들과의 회의에서 북한의 무장해제를 전제로 소련의 제의를 수락하는 것이 바람직하다는 자신의 견해를 밝혔다. 마셜 국무장관도 소련의 제의가 미국이 한국으로부터 빠져 나올 수 있는 길을 제공한 좋은 기회라고 인식했다.

1947년 10월 17일, 한국 문제에 대한 미국의 결의안이 국제연합에 제출되었다. 한국의 독립을 위해서 모든 점령군은 '현실적으로 가장 빠른 시일 안으로' 철수할 것을 강조한 미국의 결의안 초안 내용은 다음과 같다.

① 미국과 소련은 늦어도 1948년 3월 31일까지 국제연합 감시 아래 그들의 점령 지역에서 각각 총선거를 실시할 것
② 한국 자체의 방위군을 보유한 독립정부와 의회의 구성
③ 새로 수립된 한국 정부와의 합의를 통해 미·소 양군의 동시 철수

또한 이 결의안은 "국제연합 감시위원회는 한국의 독립을 유지하기 위해서 앞으로 어떠한 국제연합의 조치가 필요할 것인가 하는 의견을 국제연합에 보고·건의한다"라고 명시했다.

소련도 미국에 대응하여, 1947년 10월 28과 29일에 국제연합의 토의에 참여시키기 위해 남북한에서 선출된 대표자들을 초청할 것과 1948년 초까지 미·소 양군이 동시에 철수해 한국 문제를 한국민의 손에 맡기자는 내용의 결의안

을 총회에 제출했다. 그러나 국제연합 총회 제1분과위원회는 1947년 10월 30일에 소련의 결의안을 부결시키고, 미국의 수정 결의안을 찬성 41, 반대 0, 기권 7표로 가결했다. 2주 후 총회는 소련 측 진영이 불참한 가운데 최종적으로 미국의 결의안을 찬성 43, 반대 9, 기권 6표로 통과시켰다. 또한 총회는 미국의 결의안에 명시된 임무를 수행하기 위해 캐나다, 오스트레일리아, 중국, 엘살바도르, 인도, 프랑스, 시리아, 필리핀, 우크라이나공화국 대표들로 구성한 국제연합 임시한국위원단을 설치하기로 결의했다.

그러나 소련과 우크라이나는 미국의 결의안이 통과된다고 해도 그대로 따르지 않을 것임을 사전에 분명히 밝혔다. 1947년 11월 13일, 소련 대표 그로미코(Andrei Gromyko)는 국제연합 총회 본회의에서 한국위원단은 한국민을 노예화하고, 한국을 '미국의 식민지'로 만들려는 미국의 음모를 위장하기 위한 눈가림 장치에 불과하다고 강력히 비난했다. 그로미코는 나아가 "남한은 정치적으로 보면 동아시아에서 반동의 중심부며, 영토적으로 보면 분명히 일종의 미국 기지"라고 주장했다. 소련의 협력을 거의 기대할 수 없는 상황에서 국제연합 임시한국위원단이 선거를 감시하고 한국 정부의 수립을 지원한다는 본래의 임무를 충실히 수행하기란 현실적으로 어려운 일이었다.

한국 문제가 국제연합으로 이관된 마당에 트루먼 행정부는 미소공동위원회의 필요성을 더 이상 인정하지 않아도 되었다. 1947년 10월 18일에 개최된 제62차 회의에서 미소공동위원회의 미국 대표인 브라운(Albert E. Brown) 소장은 국제연합의 도움이 있을 때까지 미소공동위원회를 휴회할 것을 소련 측에 제의했다. 다음 날 스티코프는 미국이 미소공동위원회의 '사업'을 중단시키려는 음모를 갖고 있다고 비난했으며, 10월 23일에 본국 정부의 훈령에 따라 평양으로 되돌아갔다. 결국 미소공동위원회는 아무런 성과도 없이 막을 내리고 말았다.

국제연합 임시한국위원단과 미국의 철군 계획

트루먼 행정부는 소련이 국제연합 결정을 거부할 경우에 대비해 남한만이라도 단독정부를 수립한다는 계획을 마련해 놓고 있었다. 하지도 1947년 11월 3일 합동참모본부에 보낸 보고서에서, 국제연합이나 소련이 미국의 계획에 찬성하지 않을 경우 미국은 가장 빠른 시일 안으로 남한에 단독정부를 수립하기 위해 '국제연합의 감시가 있건 없건 간에' 총선거를 실시할 것을 건의했다.

국무부의 케넌(George F. Kennan) 정책기획국장은 1947년

11월 초 마셜 장관에게 제출한 세계 정세를 분석한 보고서에서, 극동 지역이 '매우 불안정한 상태'임을 지적하고, 한국 문제에 관해서는 "더 이상 진정한 의미의 평화스럽고 자유민주주의적인 발전이 한국에서 이루어질 희망은 없다"라고 결론 내렸다. 나아가 보고서는 "한반도는 전략적 중요성이 거의 없을 뿐만 아니라 남한 자체의 경비대도 소련의 팽창을 저지하는 일에 도움을 줄 수 없다. 그렇기 때문에 미국은 '국가 위신에 대한 심각한 타격이 없는 범위 안에서' 속히 철수하는 것이 필요하다"라고 지적했다.

마셜도 정책기획국의 견해에 동의했고, 각료회의에서는 아시아에서 미국의 이해(利害)가 가장 많이 걸린 지역은 일본이라고 강조했다. 중앙정보부(CIA)는 1947년 11월 중순 미군이 철수하면, 북한은 남한을 침략해 결국 한반도는 소련의 지배 아래 들어가게 될 것이라고 분석했다. 중앙정보부는 북한에게 효율적으로 대항할 힘이 남한에게는 없다고 판단했던 것이다.

이제 트루먼 행정부에게 남은 일은 미 점령군 철수를 위한 시간표를 확정하는 것과 남한에서 총선거를 실시하기 위해 세부 계획을 마련하는 것이었다. 1947년 11월 17일, 국무부는 하지의 정치 고문인 제이콥스(Joshep E. Jacobs)에게 군정 당국이 늦어도 1948년 3월 31일 전에 실시될 총선거를 위해 선거법의 제정 등 제반 준비를 취하도록 훈령을 내렸다. 1947년 11월 20일, 하지는 국제연합 임시한국위원단의 감독 아래 실시될 총선거는 한국에 통일정부를 수립하고 한국의 민족적 통일을 촉진시킬 것이라고 말했다.

이에 대해 이승만과 그의 추종자들은 1947년 말까지 남한에서 국회의원 선거를 실시한 후 입법부가 한국위원단과 상호 협력할 수 있도록 해야 한다고 주장하고 나섰다. 군정장관 딘(William F. Dean) 육군소장은 이승만의 요구를 거부했고, 또한 김구와 온건 좌파도 남한만이 아닌 남북한 전 지역의 총선거를 실시해야 한다고 주장했다.

1947년 12월 7일, 하지는 한국에서 '단 한 번의 선거(only one election)'가 실시될 것이라는 점을 또다시 강조했다. 하지는 또 한국의 지도자들이 남한만의 총선거 실시 가능성에 대한 논의를 자제해 줄 것을 요구하기도 했다. 그러나 한국위원단에 대한 소련의 태도가 확고하다는 사실을 알고 있는 많은 한국 지도자들은 선거가 궁극적으로 '단지 남한만의 단독정부의 수립'을 가져다줄 것이라고 믿고 있었다.

그러나 이승만은 하지의 권고에도 불구하고 계속해서 남한만의 즉각적인 선거 실시를 주장했을 뿐만 아니라 군정의 최고 책임자인 하지의 체면과 위신을 떨어뜨리려고 부단히 노력했다. 실제로 이승만의 끈질긴 주장으로 말미암아 국무부도 한때나마 하지를 '다른 1급의 3성이나 4성 장군'으로 교체하는 문제를 신중히 고려했지만 육군부의 강력한 반대로 무산되었다. 그러나 국무부는 하지가 총선거와 관련된 이승만의 행동을 적절하게 통제하지 못한다고 믿고 있었다.

1948년 1월 8일, 국제연합 임시한국위원단은 총선거의 감독을 위해 서울에 도착했고, 인도 대표인 메논(K. P. S. Menon)을 의장으로 선출하고 활동에 들어갔다. 그러나 트루먼 행정부는 소련이 한국위원단의 북한 지역 방문을 허용하지 않을 것이라는 예상 아래, 남한에서만이라도 선거를 실시한다는 방침을 미리 정해 놓고 있었다.

그와 같은 결정은 한국위원단의 동의가 필요한 것임에도 불구하고, 미국의 사전 결정은 미군이 철수한 이후를 대비한 구체적인 방안도 없이 가능한 한 빨리 한국으로부터 빠져나오려는 미국의 적극적인 의지 표시라고 간주해도 좋을 것이다. 미군이 철수한 이후에는 어떠한 남한 정부도 독립을 유지하기가 어려울 것이라는 판단이 트루먼 행정부로 하여금 철수 이후의 계획을 적극적으로 마련하지 못하게 만들었던 중요한 요인으로 작동했다.

국제연합의 결의를 소련이 수용하지 않았기 때문에 한국위원단의 북한 지역 방문은 현실적으로 실현되기 어려웠고, 남북한 총선거 실시는 사실상 불가능해졌다. 이로써 남한만의 단독선거 필요성 문제를 둘러싸고 또다시 남한 정국은 소용돌이에 휘말리게 되었다. 한국위원단은 우익과 중도파의 지도자들과 협의를 했지만, 이들의 견해 차이가 워낙 심해서 별다른 성과를 얻지 못했다. 좌익의 지도자들은 이미 체포되었거나 도피 중이었기 때문에 협의를 할 수도 없었을 뿐만 아니라 한국위원단 자체를 부정했기 때문에 협의에도 응하려 하지 않았다.

이승만과 김구, 그리고 김규식의 주장도 서로 첨예하게 대립되었기 때문에 나중에는 감정대립으로까지 확대되었다. 이승만과 한민당은 계속 남한의 단독선거를 주장했다. 한민당은 1948년 2월 초 "일부에서는 실현성이 없는 남북 동시 총선거 등의 미명하에 민족적 지상명령인 총선거를 거부 또는 지연하려고 획책하고 있다"라는 성명서를 발표하고, 이승만의 주장을 적극적으로 지지하고 나섰다. 그러나 김구와 김규식은 남한만의 단독선거는 장차 한반도의 영구적인 분단을 초래할 가능성이 농후하다고 우려하면서, 정치 지도자들이 함께 논의해 남북한 총선거를 통한 통일정부를 수립해야 한다는 남북 정치 협상론을 주장했던 것이다.

소련의 비협조로 북한 방문이 어렵게 되자 1948년 2월 6일 국제연합 임시한국위원단은 국제연합의 소총회와 협의하기로 결정했다. 그로부터 수주 일 안에 국제연합은 한국

내에서 위원단의 활동이 현실적으로 가능한 지역에서만 총선거를 실시하자는 미국 측 제안을 채택했다. 마침내 한국위원단은 점령군 사령관인 하지와의 협의를 거친 다음, 남한만의 단독선거를 1948년 5월 9일(나중에 5월 10일로 변경)에 실시하기로 결정했다.

이제 한반도에는 이념을 달리하는 두 개의 이질적인 정권 출현이 불가피해졌다. 이것은 또한 미국의 한국 정책이 궁극적으로 실패했음을 의미하는 것이기도 했다. 다시 말하면, 국제연합의 일원으로서 외부의 간섭과 지배를 받지 않는 독립적이고 민주적인 통일 한국 수립이라는 트루먼 행정부의 공식적인 정책 목표가 실패하였던 것이다.

마셜 국무장관은 미국의 한국 정책이 실패했다는 사실을 그의 보좌관인 미첼(Reginald P. Mitchell)에게 개인적으로 다음과 같이 솔직히 고백하기도 했다.

우리는 우리가 수행할 수 없는 정책을 고수해 왔다는 사실을 발견했다. 루스벨트, 처칠 그리고 장제스가 아주 그럴듯하게 말했던 '자유스럽고 독립적인 한국의 건설'이라는 약속은 이행될 수 없게 되었다.

따라서 미국에게 남겨진 마지막 일은 남한 정부를 성공적으로 수립하고, 만약 가능하고 필요하다면 적절한 보호 조치를 제공하면서 남한 정부를 강력히 지원하는 것이었다. 하지와 군정 당국은 1948년 3월 초, 5월에 실시될 총선거를 위한 준비와 미군의 철수를 위한 구체적인 계획을 수립했다. 이 철수 계획안에 따르면, 1948년 6월 1일까지 남한 정부의 수립이 완료되며, 10월 30일까지 미군의 철수를 끝내기로 되어 있었다. 또한 이 계획안에는 남한의 국방경비대 창설이 포함되어 있었고, 하지는 새로운 정부가 발족하는 대로 '즉시' 한국을 떠나야 한다는 점을 강조했다. 왜냐하면 군정 기간 내내 견원지간의 관계였던 이승만이 정권을 잡는 상황에서 하지가 계속 한국에 남아 있다는 사실은 도저히 '상상할 수 없는(unthinkable) 일'이라는 것이었다. 마지막으로 이 계획안은 미국 의회가 2년 내지 3년 동안 남한에 대한 경제원조안을 승인해 줄 것을 희망했다.

하지와 군정 당국의 계획안에 육군부는 찬성했지만, 국무부는 미군의 철수 일정에 반대 의사를 표명했다. 1948년 3월 4일, 버터워스(W. Walton Butterworth) 극동국장은 마셜 장관에게 "적절한 자체 경비대가 창설되지 않으면, 신생 한국 정부는 스스로 생존을 유지할 가능성이 전혀 없을 것"이라고 지적했다. 그리하여 버터워스는 육군부가 점령군의 철수 일정을 유연성 있게 조정해야 할 것이며, 동시에 남한의 군대를 강화해야 한다고 주장했다. 마셜도 그의 견해에 동의했다.

케넌 정책기획국장도 하지가 남한 경비대를 육성·훈련·무장시키는 권한을 가져야 한다는 국무부 고위층의 견해에 찬성했다. 케넌이 동의한 중요한 이유는 미군이 철수한 후에 남한 정부가 와해될 것이라는 우려 때문이 아니라, 미국의 국가 위신에 대한 손상을 최소화하는 범위 안에서 '가장 빠른 시일 안으로' 점령군의 철수가 완료되기를 희망했기 때문이었다. 사실 케넌은 1947년 9월부터 미군의 철수를 주장해 왔다. 케넌은 미국이 한반도에 대해 중대한 전략적 의미를 부여하지 않았기 때문에 중국을 포함한 극동 지역에서 도덕적이고, 이념적인 지도자로서의 역할을 포기해야 한다는 생각을 갖고 있었다. 도쿄에서 맥아더와 함께 일본의 경제적 재건 계획에 관해 일련의 협의를 마친 직후인 1948년 3월 중순, 케넌은 마셜 장관에게 보낸 편지에서 남한에 있는 미군 부양가족들의 철수 문제를 더 이상 지체시키지 말아야 하며 미군의 철수도 가능한 한 빨리 진행되어야 한다고 말했다.

국무부와 육군부의 철군 일정을 둘러싼 견해 차이는 국가안전보장위원회(NSC, National Security Council)가 4부정책조정위원회(SANACC, State-Army-Navy-Air Force Coordinating Committee)와 중앙정보부의 보고서들을 검토한 후에 해결되었다. 국가안전보장위원회는 1948년 4월 2일자로 된 한국에 관한 정책지침서(NSC-8)에서, 미국은 철군으로 인한 '부정적인 영향을 극소화하는 범위 안에서 가능한 한 빨리' 한국으로부터 철수해야 한다고 결론 내렸다. 이 지침서에 의하면, 미군의 철수는 늦어도 1948년 12월 31일 이전에 시작되어야 한다는 것이었다.

또한 이 지침서는 이것을 달성하기 위해서 미국은 "북한이나 혹은 다른 국가에 의한 명백한 침략 행위를 제외한 어떠한 공격에 대해서도 남한의 안전을 효과적으로 담보할 수 있는 수단"으로써 남한 경비대를 강화시켜야 한다고 건의했다. 이 지침서의 작성자들은, 만약 북한이 공격을 감행할 경우 남한 정부는 독립을 유지하지 못하고 곧 붕괴될 것이라는 중앙정보부의 분석에 동의하고 있었던 것이다.

따라서 지침서는 한국 내에 있는 어떠한 세력에 의해서 취해진 어떠한 행동도 미국에게 '개전(開戰)의 이유(cause belli)'가 되는 사건으로 간주되는 일이 없도록 미국은 한국사태에 '너무 깊게' 개입해서는 안 된다고 경고했다. 그러나 이 지침서는, 미국은 남한 경제의 파탄을 막기 위해 1949년 회계연도에 1억 8,500만 달러의 경제 원조를 제공할 필요성이 있다는 점을 인정했다. 1948년 4월 8일 트루먼 대통령은 이 지침서를 승인했고, 같은 날 육군부는 그 내용을 하지에게도 통보했다.

5·10 총선거와 '대통령' 이승만의 등장

한편, 총선거일이 임박해 오자 좌익 진영은 남한만의 선거 실시를 더욱 강력하게 반대하고 나섰다. 1948년 봄에는 파업과 폭동이 계속적으로 일어났다. 5월 총선거가 한반도의 궁극적 통일을 목표로 한다는 하지의 무마에도 불구하고 사태는 진정되지 않았고, 계속 폭력이 난무하는 가운데 경찰과 시위자들의 사상자만 증가됨으로써 사회 불안은 더욱 고조되었다. 이러한 사태가 계속되자 하지는 점령군만으로는 대규모의 소요에 적절히 대처할 수 없을지도 모른다고 우려하기도 했다. 국제연합 임시한국위원단과 본국 정부가 5월 총선거 방침을 고수하고 있었기 때문에 하지는 한국민을 선거에 참여하도록 설득하는 방법 이외에는 다른 선택의 길이 없었다. 1948년 3월 하순, 하지는 만약 한국민이 총선거를 거부한다면 한국 전체가 "혼란과 공산주의와 외국에 예속당할 위험성이 대단히 많다"라고 경고하기도 했다.

앞에서 언급한 대로 남한만의 선거 실시에 대한 우익의 주장도 서로 달랐는데, 이승만과는 달리 김구와 김규식은 한국의 통일을 논의하기 위한 남북한 지도자회의 개최를 제안하기에 이르렀다. 1948년 3월 25일에 북한은 이 제의를 수락하고, 김일성은 4월 14일 평양에서 열린 회의에 15명의 남한 정치 지도자들을 초청했다. 그러나 남한만의 분리선거에 대한 소련의 강력한 반대 부산물로 나타난 북한의 전력 공급 중단과 한반도 전체에 적용되는 신헌법 제정(1948년 5월 1일)으로 말미암아 통일을 달성하기 위한 한국 지도자들의 노력은 얼마 가지 않아 실패로 끝났다.

처음부터 남북한 지도자의 연석회의는 성공할 가능성이 매우 희박했다. 왜냐하면 연석회의는 미·소 당국의 긴밀한 협조가 전제되어야만 했기 때문이었다. 하지는 연석회의가 한반도를 지배하려는 공산주의자들의 저의를 분명히 드러낸 것이라고 신랄히 비난했던 것이다.

좌익 진영의 줄기찬 반대와 저항에도 불구하고 군정 당국은 선거 실시를 위한 제반 준비를 계획대로 진행시켜 나갔다. 1948년 3월 30일부터 4월 9일까지 계속된 선거인 등록에서 남한 총 유권자의 약 80퍼센트가 등록해 등록자의 92.5퍼센트가 투표권을 행사했다. 이렇듯 유권자들의 적극적인 투표권 행사는 하루빨리 군정의 통

남북한 지도자 연석회의에 참가하기 위해 38선을 넘는 김구와 김신 그리고 선우진

치에서 벗어나 독립 국가를 주체적으로 수립하겠다는 강렬한 의지를 반영하는 것이기도 했다.

선거일은 원래 1948년 5월 9일로 예정되었으나 일식(日蝕) 관계로 다음 날인 5월 10일로 변경되었다. 예상했던 대로, 남조선노동당을 비롯한 '남조선 민주주의 민족전선'의 산하단체들과 남북협상론자들은 선거에 불참했다. 비록 선거 당일 100여 명의 사상자가 발생하기는 했지만, 선거는 군정 당국이 우려했던 것보다는 비교적 순조롭게 실시되었다.

하지의 정치담당 고문인 제이콥스는 1948년 5월 12일 선거가 '매우 만족스럽게' 실시되었다고 국무부에 보고했다. 마셜 국무장관은 한국민에게 최초의 민주주의적 선거를 성공적으로 실시했다는 점을 들어 축하의 성명서를 발표했다. 국제연합 임시한국위원단도 선거가 언론·집회의 자유가 존

1945년 5월 10일 총선거에서 투표하는 장면

중된 상황에서 '비교적 자유스러운 분위기'에서 실시되었다고 평가했다. 또한 한국위원단은 선거 결과가 남한 유권자들의 자유의사가 정당하게 표현된 것이라고 지적했다.

그러나 김구를 비롯한 남북협상파는 선거 결과를 인정하지 않았을 뿐만 아니라 선거 유효성에도 이의를 제기했다. 김구는 1948년 5월 18일 「서울 타임스(Seoul Times)」에 기고한 글에서, 선거가 자유스러운 분위기 속에서 실시되지도 않았으며, "국민은 경찰과 향보단원들에 의한 억압적 상황에서 강제로 등록하고 투표"했으며, "만일 국민이 자유로웠다면 그들은 단독선거를 반대하고 통일정부 수립을 위해 남북을 통한 선거에 투표했을 것"이라고 주장했다. 김구는 또 "조국 독립의 견고한 기반은 자유 분위기에서 전국적 선거에 의해 선출되는 정식 정부와 국회를 통해 확립될 것"이라고 종래에 자신이 하던 주장을 거듭 역설했다.

투표 결과는 이승만의 독촉국민회 소속 55명, 한민당 28명, 한독당 1명, 대동청년당 12명, 민족청년당 6명, 조선민주당 1명, 기타 정당 10명 그리고 무소속 85명이 당선됨에 따라 이승만 세력과 한민당이 최고의 성과를 거두었다.

과도입법의원이 해산된 직후인 1948년 5월 31일 중앙선거위원회가 소집한 제헌국회에서 이승만은 압도적 지지로 의장에 선출되었다. 국회는 정부 형태에 관한 의원들의 격렬한

이승만 대통령 취임

토론을 거친 후 1948년 7월 12일 대한민국 헌법을 채택했다. 7월 20일, 국회는 이승만을 초대 대통령으로 선출했다. 수십 년에 걸쳐 영욕과 파란으로 점철된 세월을 살아왔던 이승만은 그토록 희망했던 대통령이 됨으로써, 마침내 '이승만의 시대'를 여는 데 성공했다. 이승만을 '건국의 아버지'로 높이 평가하기도 하고, '분단의 주역'으로 매도하는 등 다양한 논쟁이 있지만, 그는 분명 끈질긴 집념을 가진 '노련한 정략가'였다.

1948년 8월 9일, 이승만 대통령은 하지 미 점령군 사령관에게 정권이양을 정식으로 요청했다. 물론 하지도 동의했다. 8월 15일, 자유민주주의와 자본주의 시장경제를 신봉하는 민주공화국 대한민국 정부 수립이 공식적으로 선포되었다. 하지는 8월 15일 자정을 기해 군정은 종식된다고 공식적으로 선언했다. 미군정이 실시된 지 3년 만의 일이었다. 그러나 불행하게도 통일국가가 아니라 분단국가로서 등장했다. 한국민은 북한에도 또 다른 정권이 등장하고 있음을 보아야만 했다.

남한 정부가 수립된 지 10일 뒤인 1948년 8월 25일, 김일

1948년 8월 15일, 정부수립선포식 전에 함께 서 있는
이승만 대통령(오른쪽)과 맥아더 원수(가운데)와 하지 중장

성은 최고인민회의 선거를 실시했다. 김일성이 선거를 남한
보다 늦게 실시한 것은 단독정부를 남한보다 늦게 수립함으
로써 한반도 분열의 책임을 남한과 미국에게 전가시키기 위
한 속셈 때문이었을 가능성이 높다. 9월 9일, 북한 최고인민
회의는 김일성을 수반으로 하는 조선민주주의 인민공화국
수립을 선포했다.

한반도에 상호 이질적이고 적대적인 두 개의 정권이 등장
함으로써 38도선은 민족 분단의 슬픈 상징으로 더욱 굳어져
갔다. 동시에 이념이 다른 두 정권 사이에 긴장과 갈등은 심
화되어 갔고, 마침내 1950년 6월 25일, 한국 역사의 최대 비
극적인 사건인 한국 전쟁의 발발로 그 절정에 달했다.

하지의 철군 연기 건의

한편, 하지는 총선거가 실시되기 직전에 "만약 자신이 정권의 이양 기간에 계속 남한에 머물 경우 새로운 남한 정부와의 관계가 다소 어색할지도 모른다"라는 생각을 본국 정부에 전달하고 자신의 면직을 건의했다. 육군부는 하지의 직속상관인 맥아더의 동의를 얻은 후에 합동참모본부가 하지의 면직을 승인하고, 후임에 남한 주둔 육군 제7사단장인 콜터(John B. Coulter) 소장을 임명했다. 육군부의 결정에 국무부도 동의했다.

하지는 "신생 독립국가인 대한민국은 1948년 5월부터 8월까지 미국의 외교적·군사적 지원이 필요하다"라는 점을 트루먼 행정부에게 여러 차례 건의했다. 하지의 건의는 미군이 철수한 후에 북한이 남한 정부를 전복하기 위해 무력을 행사할 가능성이 높다는 정보 당국의 판단에 근거하고 있었다.

1948년 6월 하순, 하지는 "트루먼 행정부는 국제연합의 태도와는 상관없이 남한 정부가 조직을 완료하는 즉시로 '적어도 사실상의 승인(at least de facto recognition)'을 해야 하며, 또한 이 신생 정부를 처음 얼마 동안은 돌보아야 한다"라고 국무부에 건의했던 것이다. 그와 같은 조치는 해방 이후 줄곧 '계속되는 실망'만을 경험했던 한국민의 심정을 그나마

달랠 수 있을 것이라고 하지는 믿었다.

국무부는 남한 정부를 '정식 승인'할 수도 있었고, 아니면 '제한적 승인'을 할 수도 있었다. 다만 국무부는 점령군의 철수 일정에 관해서는 국무부의 의견을 육군부가 존중해 줄 것을 강력히 희망했다.

1948년 6월 23일 마셜은 NSC-8이 지적한 대로, 1948년 12월 말까지 철군을 완료하기 위한 여러 가지 여건을 조성하는 데 최선의 노력은 하지만, 철수계획의 집행에 '충분한 융통성'을 발휘해 줄 것을 로열(Kenneth C. Royall) 육군장관에게 요청했다. 마셜의 요청은 미군의 철수가 초래할 여러 가지 정치적 파급 효과를 고려한 것이었다.

그러나 로열은 지난 몇 달 동안의 상황이 NSC-8이 예상한 대로 '거의 똑같이' 전개되어 왔다는 점을 상기시키면서, 마셜의 요청에 반대의사를 표명했다. 오히려 로열은 1948년 8월 15일부터 전술부대를 철수하기로 한 육군부의 계획에 마셜이 협조해 줄 것을 요구했다. 철군 일정에 유동성 발휘를 강조한 국무부의 주장은 육군성의 고위 군사전문가들에게 별다른 영향을 끼치지 못했다.

그러나 하지와 제이콥스는 국제연합이 한국 문제에 대한 최종적인 결정을 내릴 때까지 미군의 철수를 일시적으로 연기하는 것이 바람직하다고 주장했다. 이들은 미군의 철수를

1948년 9월 15일부터 시작하는 것이 좋겠다고 말하면서, 본
국 정부에 다음과 같이 경고했다.

만약 (철수)시기 문제를 조심스럽게 다루지 않을 경우, (이를테
면) 철군을 단 며칠이라도 앞당기겠다는 것은 결과적으로 미국
이 한국의 공산주의화를 방지하기 위한 3년 동안의 노력과 수백
만 달러의 투자를 사실상 헛되게 하는 것이다.

하지와 제이콥스의 견해에 동의한 국무부는 육군부의 재
고를 또다시 요청했다. 국무부의 계속된 재고 요청으로 마침
내 육군부도 철군 시기를 1948년 9월 15일까지 연기하는 데
동의했다. 미 점령군의 철수는 1948년 9월 15일에 시작해서
1949년 6월 말에 완료되는 것으로 확정되었다. 1948년 12월
10일 미국은 남한 정부와 한미경제원조협정을 체결하고, 이
듬 해 6월 28일까지 미군의 철수를 끝냈다. 약 500명으로 구
성된 군사고문단만이 남한에 남게 되었다.

견원(犬猿)의 동반자: 이승만과 하지

이승만 정부가 정식으로 출범함에 따라 하지도 한국을 떠
나야 하는 시간이 다가오고 있었다. 군정의 최고 책임자인

동시에 점령군 사령관으로서 남한에서 그가 보낸 3년의 기
간은 결코 유쾌한 세월은 아니었기 때문에 한국을 떠나는
시기가 어쩌면 너무 늦게 찾아온 것일지도 모른다. 국무부
와 육군부의 의견 대립과 남한 정계의 좌익과 우익의 첨예
한 이념적 대결로 점철된 정치 현장의 주역으로서 군정 3년
은 정치적 감각이 세련되지 못했던 하지 같은 인물이 감당
하기에는 너무나 길고도 고단한 세월이었다. 물론 하지가 아
닌 다른 인물이 군정의 책임을 맡았다고 해도, 미국의 한국
정책과 한국의 정치적 상황 전개에는 별다른 변화가 없었을
것이다.

　한반도의 분단과 이승만의 집권을 바라보면서, '쫓기듯이'
서울을 떠나야만 했던 하지의 심정은 매우 착잡했다. 후일,
하지는 고도의 정치력이 요구되었던 군정 3년 동안의 쓰라
린 경험과 좌절감을 다음과 같이 솔직하게 고백했다.

　　미군정의 최고 책임자로서의 직책은 내가 지금까지 맡았던 직
　　책들 가운데 최악의 직무(worst job)였다. 만약 내가 정부의 명령
　　을 받지 않는 민간인 신분이었다면, 1년에 100만 달러를 준다고
　　해도 나는 그 직책을 결코 수락하지 않았을 것이다.

　　점령 지역에 관한 정책 결정은 기본적으로 국무부 업무소

관이었고, 육군부(국방부)는 결정된 정책을 집행하도록 처음부터 역할 분담이 되어 있었다. 하지는 결정된 한국 정책을 효율적으로 집행하는 것이 그에게 부여된 가장 중요한 임무였다. 또한 하지는 정책 집행기관으로서 자신의 한계를 익히 알고 있었을 뿐만 아니라 그 한계를 벗어나려고 노력하지도 않았다. 1948년 초, 오랫동안 이승만의 측근으로 활동해 온 정한경(미국명 Henry Chung)과의 대담에서 하지는 "나는 한국 정책을 결정하는 사람이 아니라, 다만 그것을 집행할 뿐이다"라고 말한 것은 그의 한계와 처지를 단적으로 보여 주는 대목이기도 하다.

군정 3년 동안 이승만과 하지는 그야말로 견원지간(犬猿之間)이었다. 그러나 그들은 동반자였다. 이승만은 하지가 군정의 최고 책임자라는 엄연한 현실을 인정할 수밖에 없었고, 하지 또한 반공의 보루가 될 수 있는 철저한 반공주의자로서 막강한 정치적 세력을 확보하고 있는 이승만의 정치적 위상을 현실적으로 인정할 수밖에 없었기 때문이었다. 두 사람 모두 상대방을 자신의 목적 달성에 가장 커다란 장애물이라고 인식했기 때문에 정치적으로 제거되기를 강력히 희망했지만, 그것은 그들 능력 밖의 일임을 잘 알고 있었다. 이승만과 하지. 그들은 그토록 서로 싫어했지만, 현실적으로 다른 대안이 있을 수 없는 불가피한 동반자임을 인정해야만 했다.

1948년 8월 24일 밤, 대통령 이승만은 육군 제5군단장이라는 새로운 직책을 맡기 위해 본국으로 떠나는 하지를 위해 베푼 환송연에 참석했다. 두 사람 모두에게는 그야말로 만감이 교차하는 자리였을 것이다. 이승만은 외교적 수사(修辭)를 동원해 대한민국의 건국에 공헌한 하지의 업적을 치하했고, 하지는 답사에서 의례적으로 '이승만의 건강과 한국의 번영'을 기원했다. 이날 밤 두 사람은 많은 대화를 나누지 않았으며, 이 날의 만남은 결국 마지막 만남이 되고 말았다.

　　하지가 서울을 떠나기 전날, 이승만은 하지에게 "비록 당신과 나 사이에 때로는 약간의 오해가 있었지만, 당신은 한국민의 가슴 속에서 결코 잊히지 않을 것"이라는 말이 담긴 마지막 위로의 편지를 보냈다. 한편 하지는 한국민에게 보낸 고별사에서 "남한에는 자기 이익만을 추구하는 '기회주의적인 정치가들'이 있다"라고 지적하면서, 모두 개인적인 야심을 버리고 오로지 한국민 전체의 이익을 위해 합심 노력할 것을 마지막으로 주문했다.

　　그러나 이승만 정권과 남한의 정치적 장래에 대한 불안과 우려를 떨쳐 버리지 못한 채, 하지는 1948년 8월 27일 노스캐롤라이나(North Carolina) 주에 위치한 육군 제5군단장으로 부임하기 위해 본국으로 향했다. 실로 3년 만에 진정한 '해방'이 찾아온 것이다. 동시에 이승만과 하지의 '견원의 동반자' 관계도 마침내 청산되었다. 그날 이후 하지가 세상을 떠날 때까지 15년 동안 두 사람은 한 번도 만남의 기회를 갖지 못했다. 군정 3년 동안 이승만과 하지가 서로 가슴속에 품고 있었던 앙금의 골은 인간적인 화해를 시도하기에는 너무나 깊었는지도 모른다. 귀국 후 하지는 야전군 사령관을 거쳐 1953년에 대장 계급으로 예편했고, 1963년에 노환으로 사망했다.

하지의 뒤를 이을 초대 미국대사로 로드아일랜드(Rhode Island) 출신인 무초(John J. Muccio)가 임명되었다. 하지는 미국으로 떠나기 직전, 트루먼 대통령을 비롯한 행정부의 고위 관리들로부터 축하의 메시지를 받았다. 트루먼은 "남한 지역에 입헌정부를 수립함으로써 그대에게 부여된 어려운 과업이 끝났고, 그대의 임무는 매우 성공적으로 성취되었다"라고 군정 3년 동안의 노고를 치하했다. 그런 다음 '도저히 극복할 수 없는 것처럼 보인 장애물들'을 극복한 하지의 노련함과 창의성과 외교적 수완을 높이 평가했다. 로열 육군장관, 브래들리(Omar N. Bradley) 육군참모총장 그리고 직속상관인 맥아더는 본국으로 떠나가는 하지의 공헌을 높이 평가했다. 또한 서울대학교는 하지에게 명예법학박사 학위를 수여하기도 했다.

상급자들의 의례적인 찬사와는 상관없이, 하지 자신은 미국의 한국 정책이 실패했다는 사실을 누구보다도 잘 알고 있었다. 민주적이고 독립된 통일 한국 건설이라는 트루먼 행정부의 공식적인 정책 목표를 달성하지 못했고, 오히려 한반도에 이념을 달리하는 이질적인 두 개의 정권이 등장했기 때문이었다. 대한민국 정부가 공식적으로 수립되었을 때 하지가 한국민에게 진심으로 축하의 말을 할 수 없었던 이유도 거기에 있었다.

실제로 하지는 남한의 장래가 매우 불안하다고 생각하고 있었다. 하지는 미군이 철수한 후에 북한이 남한을 무력으로 정복할 힘이 충분히 있다고 믿었기 때문이었다. 트루먼 행정부의 중앙정보부를 비롯한 여러 정보기관들도 하지의 견해에 동조했다. 드레이퍼 육군차관은 무초 대사가 서울로 부임하기 직전인 8월 초에 "이승만 정부는 앞으로 5년 내지 10년 동안 내란의 가능성 때문에 계속적으로 어려움을 많이 겪게 될 것이 예상된다"라고 지적하기도 했다.

맺으며

한국에 대한 신탁 통치라는 비현실적인 정책은 "다른 국가의 정치적 장래까지도 임의로 결정지을 수 있다"라는 미국의 오래된 우월의식과 오만한 신념에 크게 기초하고 있었다. 그러나 미국의 장기적인 세계 정책 수립과 1948년 초 냉전 정책에 핵심적인 역할을 담당했던 케넌 정책기획국장은 "미국은 아시아에서 이념적이고 도덕적인 지도자로서의 역할을 수행하는 데 한계가 있다는 사실을 분명히 인식하는 것이 시급히 필요하다"라고 확신했다. 케넌은 미국의 정치철학과 삶의 방식이 문화적 전통과 역사적 경험이 전혀 다른 아시아 사람들에게는 매우 적절하지 못하다고 강조했던 것이다.

이러한 관점에서 볼 때, 그리고 결과가 증명해 주고 있듯이, 루스벨트 행정부가 고안하고 주도한 '4대국 신탁 통치안'은 한반도에 이념이 서로 다른 두 개의 적대적인 정권을 탄생시킨 비극의 씨앗이었다. 동시에 신탁 통치에 기초한 미국의 비현실적인 한국 정책을 집행해야 했던 하지는 처음부터 '거의 수행 불가능한 임무'를 맡았던 것이다.

미국의 신탁 통치안 포기는 한국 문제의 국제연합 이양과 미 점령군의 철수 결정으로 이어졌고, 이는 결국 '한반도 포기'를 의미하는 것이었다. 따라서 본질적인 의미에서 한국민은 말할 것도 없고 하지 자신도 '수행할 수 없는 미국의 한국 정책이 초래한 궁극적인 희생자'라고 해도 좋을 것이다.

훗날 하지가 고백했듯이, 점령군 사령관직은 그의 생애에서 '가장 힘든 직책'이었다. 하지는 군정 3년 내내 고통과 좌절을 겪어야만 했는데, 그것은 주로 본국의 구체적이고 분명한 정책 지침과 강력한 후원의 부족 때문이었다. 물론 하지가 아닌 다른 인물이 남한 군정 최고책임자의 직책을 맡았다고 해도 한반도 상황이 크게 달라지지 않았을 것이다.

'한국에 대한 신탁 통치 실시'라는 원칙에 입각한 미국의 한국 정책은 국무부와 육군부(국방부), 그리고 현지 점령군사령관인 하지 사이에 정책상의 불일치와 대립을 초래했고, 나아가 남한의 좌익과 우익 세력 간의 치열한 이념적인 갈등과 투쟁을 격화시킨 중요한 요인으로 작용했으며, 마침내 미소공동위원회의 결렬과 실패까지 초래하고 말았다. 더욱이 신탁 통치안은 궁극적으로 한반도에 두 개의 적대적인 정권의 등장이라는 비극적인 현상과 나아가 한국민의 역사에서 최대의 비극적인 사건인 한국 전쟁의 발발과 분단의 고착화와 불가분의 관계가 있다는 점을 그 누구도 부인하기 어렵다.

요약하면, 제2차 세계대전이 종식된 1945년부터 한반도에 두 개의 정부가 수립된 1948년까지의 냉전 초기에 미국이 한국에서 궁극적으로 실패하게 된 것은 국제 신탁 통치에 기초한 미국의 비현실적인 정책에 크게 기인했던 것이다.

한편, 이승만의 단독정부 수립론은, 소련에 의해 북한의 공산화가 가속화되고 동시에 한반도에서 냉전 구도가 확연히 정착되고 있다는 이승만의 냉철한 국제 정치적 인식과 판단에서 구상되었고 추진되었다고 평가할 수 있다. 그는 자신의 단독정부 수립론이 적어도 남한만이라도 자주독립과 자유민주주의를 확보할 수 있는 현실적인 최선책이라고 믿었기 때문이었다.

트루먼 행정부의 '한반도 신탁 통치안' 포기 결정은 이승만의 '단독정부론'이 현실적으로 실현될 수 있는 촉매로 작동했다. 물론 이승만은 미국의 한국 정책을 자신이 원하는 방향으로 좌지우지할 능력과 영향력이 없었다. 다시 말하면 미국의 한국 정책은 이승만의 희망과 의지와는 거의 상관없이 논의·결정되었다. 그러나 결과적으로 한국에서의 정치적 상황 전개는 트루먼 행정부로 하여금 이승만의 '단독정부 수립론'을 수용할 수밖에 없도록 만들었다. 이승만의 노선을 수용하는 것 이외에 마땅한 대안이 없었기 때문이었다. 결국, 이승만이 미국을 주도한 격이었다.

역사적 사건이나 인물에 대한 역사가의 평가는 그가 살고 있는 '현재'를 반영하기 마련이다. 이승만은 동서 양대 진영의 치열한 이념 대결로 인해 냉전이 심화되던 해방 공간에서 철저한 현실주의자인 동시에 철저한 용미(用美)주의자였다. 그런 이승만의 단독정부 노선을 냉전이 전개되던 당시의 상황과 냉전이 종식된 오늘의 시점에서 생각해 보면, 우익 진영 전체의 통일된 의견으로 수렴되지 못한 아쉬움이 있기 때문에 비록 최선은 아닐지 몰라도 차선(次善)의 선택이었다고 평가해도 좋을 것이다.

아무튼, 민주공화국을 표방하는 대한민국을 창건하기 위한 역사적 과업에서 건국 직후 미국 중앙정보국의 보고서가 정확하게 표현한 대로, "유달리 영리한 정치가였던 이승만은 '연출'과 '주연(主演)'의 역할을, 그리고 미국은 '조연(助

演)'의 역할을 담당했다"라고 평가할 수 있다.

역사적 의미가 깊은 사건이나 현상에 대한 객관적 진리를 탐구하는 작업은 역사가의 중요한 임무임에는 틀림이 없다. 저명한 역사학자인 차하순(車河淳) 교수는 "당시대적 의미든, 현재적 의미든 간에 역사적 의미의 추구는 사실 자체를 정직하고 충실하게 분석하는 작업을 토대로 해야 한다"라고 주장하고, "역사의 현재적 요청을 강조하기 위해 때때로 사실을 과장하거나 미화하며, 심지어 조작하는 경우가 있는데, 이러한 행위는 역사의 날조"라고 경고한 것은 매우 적절한 지적이다. 냉전 초기 미·소의 치열한 대결 구도 속에서 좌익과 우익의 이념적 갈등이 첨예했던 해방 공간과 같은 정치적 격동기를 주도했던 주역들의 언동과 역할을 평가할 때, 역사가는 특히 그러한 '경고'에 유념할 필요가 있다.

따라서 냉전시대사 연구의 탁월한 학문적 업적으로 국제역사학계가 주목해 온 미국의 외교사가인 개디스(John L. Gaddis) 교수의 정확한 지적처럼, "정치가들은 그 당시 그들이 믿고 있는 바를 바탕으로 (정책을) 결정하는 것이지, 수십 년이 지나 역사가들이 어떤 결론을 내릴 것인가를 염두에 두고 결정하는 것은 아니다"라는 점에 주목해야 할 것이다. 물론 이승만과 하지의 경우도 예외가 아니다.

이승만은 신생 독립국가 대한민국의 최고 지도자라는 막

중한 자리인 대통령에 취임하면서 마침내 자신의 오랜 염원을 달성했다. 치열한 이념 대결이 전개되었던 냉전의 시대에서, 한반도의 분단과 남북한의 적대 관계는 국가 안보를 책임져야만 했던 이승만에게 있어서, 대한민국의 생존 확보는 그 무엇보다도 시급하고도 절실한 국가적 과제였다. 그리고 이승만은 '한국의 생존과 안보는 싫든 좋든 미국의 의지와 정책에 달려 있다'는 엄연한 현실을 분명히 인정했다. 그리하여, 이승만은 '한국과 같은 약소국이 가장 확실하게 생존과 안보를 확보할 수 있는 유일한 길은 초강대국인 미국과 국제법적 의무와 구속력을 지닌 '군사동맹'을 조속히 체결하는 것'이라고 확신했다.

'한미상호방위조약'으로 상징되는 '한미 동맹'의 체결을 위한 이승만 대통령의 적극적인 노력은 취임 직후부터 시작되었다. 그는 '한미 동맹'이 대한민국의 생존을 유지하게 만드는, 따라서 결코 포기할 수 없는 '생명줄'이라는 확고한 신념을 갖고 있었다. 휴전 협정의 체결로 6·25 전쟁이 종식된 직후인 1953년 8월 8일, 이승만의 소원대로 마침내 역사적인 '한미상호방위조약'이 체결되었다.

'도둑같이 뜻밖에' 찾아온 해방과 한반도 분단 그리고 3년간 미국과 소련의 군정을 거친 이후인 1948년, 한국민은 불행하게도 통일된 국가가 아니라 대한민국과 조선민주주의

인민공화국이라는 두 개의 정부가 수립되는 슬픈 현실을 맞이하게 되었다. 루스벨트 대통령은 자신이 고안하고 추진했던 '한반도 국제 신탁 통치안'이 장차 한국민에게 엄청난 고통을 강요하는 '비극의 씨앗'이 될 줄은 미처 예상하지 못했을 것이다.

신생 독립국가의 생존 가능성에 대한 미국의 회의적인 전망 속에서 대한민국은 출범했다. 그리고 많은 군사전략 전문가들이 어렵지 않게 예상한 대로, 1950년 6월 25일 한민족 역사상 최대의 비극인 한국 전쟁이 발발했다. 건국 이후 이승만 대통령의 간절한 한미 군사동맹 체결 요구를 거절했던 미국은 6·25 전쟁을 군사적 승리가 아닌 정치적 해결로 종식시킨다는 정책 결정을 함으로써, 궁극적으로 아이젠하워 (Dwight D. Eisenhower) 행정부는 이승만의 끈질긴 요구를 결국 수용할 수밖에 없었다. 한미 동맹은 지금까지 한반도에서 전쟁이 재발되는 것을 억제하고, 대한민국의 생존과 안보를 확보하는 데 지대한 공헌을 담당했으며, 나아가 1960년대 한국의 산업화를 통한 급속한 경제 발전을 가능하게 만든 중요한 요인으로 작용했다.

외국 태생으로 최초로 국무장관을 역임했으며, 외교적 해결을 통한 베트남 전쟁의 종식에 결정적인 역할을 담당해 노벨평화상을 수상했던 키신저(Henry A. Kissinger) 박사는,

"역사를 실제로 들여다보면, 개인들의 역할에 따라 전개가 달라질 수 있다는 사실을 알 수 있다"라고 자신의 소회를 피력했다. 역사적 인물인 이승만의 경우도 적절한 사례가 될 수 있다. 해방 이후 초기 한국 현대사의 전개 과정에서, 이승만은 대한민국 건국과 한미 동맹의 성립에 주도적인 역할을 담당했다. 이승만에 대한 역사적 재평가를 위한 작업에서, 정치 지도자로서, 나아가 건국 대통령으로서 그가 이룩한 업적과 공헌은 새롭게 주목 받아야 마땅할 것이다.

참고문헌

김영호 편,『대한민국 건국 60년의 재인식』, 기파랑, 2008.

김일영,『건국과 부국: 이승만·박정희시대의 재조명』, 기파랑, 2010.

박지향 외,『해방전후사의 재인식 1-2』, 책세상, 2006.

송복 외,『저서를 통해 본 이승만의 정치사상과 현실인식』, 연세대학교 출판부, 2011.

양동안,『대한민국 건국사: 해방 3년의 정치사』, 현음사, 2001.

양호민,『38선에서 휴전선으로』, 생각의 나무, 2004.

유영익,『건국 대통령 이승만: 생애·사상·업적의 새로운 조명』, 일조각, 2013.

유영익 편,『이승만 대통령 재평가』, 연세대학교 출판부, 2006.

유영익 편,『이승만 연구: 독립운동과 대한민국 건국』, 연세대학교 출판부, 2000.

이영훈,『대한민국 역사: 나라 만들기 발자취, 1945-1987』, 기파랑, 2013.

이완범,「한반도 분단의 외부적 요인과 내부적 요인」, 유영익 편,『수정주의와 한국현대사』, 연세대학교 출판부, 1998.

이인호 외,『대한민국 건국의 재인식』, 기파랑, 2009.

이정식,『대한민국의 기원: 해방 전후 한반도 국제정세와 민족 지도자 4인의 정치적 궤적』, 일조각, 2006.

이주영,『이승만과 그의 시대』, 기파랑, 2011.

이한우,『우남 이승만: 대한민국을 세우다』, 해냄, 2008.

장삼열 외,『한미동맹 60년사』, 국방부 군사편찬연구소, 2013.

차상철,『해방 전후 미국의 한반도 정책』, 지식산업사, 1991.

차상철,『한미동맹 50년』, 생각의 나무, 2004.

큰글자 살림지식총서 102

미군정시대 이야기

펴낸날	초판 1쇄 2015년 1월 26일
	초판 2쇄 2018년 11월 12일

지은이	**차상철**
펴낸이	**심만수**
펴낸곳	**(주)살림출판사**
출판등록	**1989년 11월 1일 제9-210호**

주소	**경기도 파주시 광인사길 30**
전화	**031-955-1350** 팩스 **031-624-1356**
홈페이지	**http://www.sallimbooks.com**
이메일	**book@sallimbooks.com**

ISBN	978-89-522-3070-6 04080
	978-89-522-3549-7 04080 (세트)

※ 이 책은 큰 글자가 읽기 편한 독자들을 위해
   글자 크기 14포인트, 4×6배판으로 제작되었습니다.